PENSAMIENTO SUICIDA

Pautas de intervención clínica con niños y adolescentes

Luz de Lourdes Eguiluz Romo
Carolina Santillán Torres-Torija

Coordinadoras

T0243172

PENSAMIENTO SUICIDA

Con la colaboración de: Zyanya Zazhyl Ortiz Texis,
Josué Omar Suárez Ortiz y Sandra Mirely Vázquez Mandujano.

Portada: Elizabeth Gallardo Lozano

Primera edición: agosto 2023

© 2023, Luz de Lourdes Eguiluz Romo, Carolina Santillán Torres-Torija
© 2023, Editorial Terracota bajo el sello Pax

ISBN: 978-607-713-561-6

EDITORIAL
TERRACOTA

DR © 2023, Editorial Terracota, SA de CV
Av. Cuauhtémoc 1430
Col. Santa Cruz Atoyac
03310 Ciudad de México

Tel. +52 55 5335 0090
www.terradelibros.com

2027   2026   2025   2024   2023
   5   4   3   2   1

Índice

CAPÍTULO 1

¿Qué es el suicidio y qué tan grande es el problema?

Carolina Santillán Torres-Torija y
Luz de Lourdes Eguiluz Romo

En este capítulo introductorio tratamos de dar al lector que se está iniciando en la temática los conceptos más importantes para entender la complejidad de las conductas asociadas al suicidio. También intentamos brindar un panorama mundial y los datos de estas conductas en el contexto mexicano.

La conducta suicida

La palabra suicidio, según el Diccionario de la Real Academia Española, viene del latín y está formada por dos palabras: *sui* que significa "sí mismo" y *cidium,* cuyo significado es "matarse", de modo que ambas palabras juntas, *suicidium,* se traduciría como "matarse a sí mismo". La conducta suicida es un comportamiento exclusivo del humano que, a diferencia de cualquier otro organismo vivo, tiene la capacidad de planear su futuro. Si revisamos la historia nos daremos cuenta de que el suicidio tiene una larga tradición. Entre los testimonios, encontramos que Marco Junio Bruto (85 a.C.-42 a.C) se suicidó arrojándose sobre su propia espada; Marco Antonio (83 a. C. -30 a.C.) también se lanzó sobre su espada, pero sobrevivió y fue llevado a morir a los brazos de su amante, Cleopatra (69 a.C.-31 a.C.); ella también se suicidó, aunque hay diferentes versiones sobre su muerte. Y así podríamos formar una larga lista de personajes históricos que se suicidaron por diversos motivos.

Desde tiempos muy antiguos la pregunta ha sido de qué manera este acto se realiza desde la libertad; hasta qué punto las personas, cuando tienen una activación emocional derivada de una pérdida, de experiencias adversas de la infancia, de una dinámica familiar caótica o de un cúmulo de situaciones altamente estresantes, derivan en un flujo de pensamientos que no pueden detener; cómo una idea transita hasta la planeación del acto, la instrumentación, es decir, hasta saber cómo se va a llevar a cabo la acción para que sea más efectiva, y de qué manera esto puede derivar en un intento suicida, que puede conducir a la muerte.

Explicar este comportamiento no ha sido fácil. Uno de los primeros en hacer observaciones acerca de la conducta suicida fue el sociólogo Émile Durkheim, quien en 1897 clasificó el suicidio en diferentes tipos, de acuerdo con las causas que lo generan. Su libro *El suicidio* (traducido al castellano, 1986) se convirtió en un referente histórico dentro de las ciencias sociales. Este relato de las muertes por suicidio es una aproximación sumamente útil para entender de qué manera las personas muestran factores de riesgo individuales, pero sin olvidar que pertenecen a un sistema social que facilita o eleva la probabilidad de que las conductas suicidas se presenten. Durkheim inicia su libro describiendo lo que para él es el suicidio; él lo define como "todo caso de muerte que resulte directa o indirectamente de un acto, positivo o negativo, realizado, por la víctima misma, a sabiendas de que iba a producir ese resultado" (Durkheim, p. 11). Considera que la condición determinante de los fenómenos sociales puede encontrarse en las formas y los tipos de asociación en las que se encuentran involucrados los individuos.

El autor estudia los conceptos de *integración* y *regulación*, de manera que al comparar el nivel educativo y la religiosidad de las personas encuentra patrones parecidos, en los que un alto nivel educativo está más asociado a la prevalencia de conductas suicidas, mientras que la correlación es negativa cuando hay un bajo nivel educativo. La religión se presenta como un factor protector, pues hay evidencia de que las personas más religiosas suelen cometer menos suicidios que las que no lo son. Durkheim también describe lo que él llamó "suicidio egoísta", el cual corresponde a aquellas personas que tienen un bajo nivel de integración con los grupos sociales. En cambio, las personas que tienen altos niveles de integración podrían presentar lo que él llama "suicidio altruista". Por otro lado, las personas que tienen un alto nivel de regulación presentarían un "suicidio fatalista", mientras que aquellas que tienen un bajo nivel de regulación entrarían en la categoría de "suicidio anómico".

Estos conceptos referidos a los diferentes tipos de suicidio se recuperan cuando se trabaja con la visión sistémica, en la cual se estudia a las personas dentro de su sistema familiar. En algunas familias los altos niveles de regulación hacen difícil la diferenciación entre sus integrantes; en ellas, las reglas son estrictas y sumamente rígidas, impidiendo que la persona ejerza su autonomía y provocándole una sensación constante de estar encerrada o asfixiada, de la cual tratará de escapar. Otro problema se suscita en familias en donde las reglas son demasiado laxas, poco claras o inexistentes, pues los integrantes del sistema tienen la sensación de una falta de presencia, y la poca integración impide el sentido de pertenencia al grupo familiar (Eguiluz, 2010).

Llevando estas ideas a sistemas más amplios, como las escuelas y universidades, los grupos sociales, las empresas y organizaciones, puede observarse que estos planteamientos se repiten en comunidades enteras con altos niveles de regulación, lo cual tiene consecuencias muy importantes en términos de salud mental; tal es el caso de Japón, donde 19 personas por cada 100 000 cometen suicidio cada año (OMS, 2018). Los niños y jóvenes que no cumplen las expectativas de desempeño académico o que se atreven a desafiar las reglas de funcionamiento de las familias y la sociedad podrían enfrentar una crisis que los lleve a querer desaparecer por medio del suicidio.

Las conductas asociadas al suicidio son un fenómeno complejo que diferentes ciencias han intentado comprender, predecir, explicar y, sobre todo, prevenir. La medicina ha detectado que algunos trastornos mentales implican mayor riesgo de presentar conductas asociadas al suicidio; entre ellos se encuentran la depresión, que está asociada en más de 80% con las muertes por suicidio, y también el consumo de alcohol y otras sustancias que disminuyen el autocontrol y aumentan la impulsividad. Se ha observado que cerca de 30% de las personas que llevaron a cabo un intento de suicidio habían consumido alcohol u otras sustancias previamente; el riesgo se incrementa si además de la depresión también se sufre un grado significativo de ansiedad.

El trastorno bipolar se asocia al intento de suicidio en un porcentaje de 50%, y este se incrementa en los casos de suicidio consumado. La esquizofrenia y otros trastornos psicóticos también pueden conducir al suicidio, porque quienes los padecen sufren delirios o escuchan voces que les ordenan matarse. Por último, las personas con trastorno límite de la personalidad o con trastorno de personalidad antisocial, en especial las que se comportan en forma impulsiva, violenta o agresiva (y que, por lo tanto, tienen baja tolerancia a la frustración y reaccionan de forma impulsiva al estrés), pueden llevar a cabo conductas autolesivas y otras acciones de riesgo que comprometen su vida (Rojas, 2020).

Las investigaciones recientes en el campo de la neuropsicología y la psiquiatría han revelado que, además de poder identificar los trastornos mentales a través de la conversación clínica y la observación conductual, se pueden conocer mediante marcadores biológicos. El cambio en los neu-rotransmisores de un cerebro deprimido, así como los cambios observables mediante una tomografía de emisión de positrones, hacen evidente que la depresión no es un problema de fuerza de voluntad o que se resuelva con solo "echarle ganas", como se pensaba (Retamal, 2005).

La llamada "Década del cerebro" (1990-2000) echa por tierra la idea de que "las personas que están deprimidas solamente quieren llamar la aten-ción y obtener ganancias secundarias". Muchos de los pacientes que pre-sentan conductas asociadas al suicidio pueden beneficiarse enormemente con un tratamiento farmacológico y, en muchos casos, la sinergia entre el tratamiento farmacológico y la psicoterapia basada en la evidencia son una mejor guía para trabajar con ellos.

Desde el campo de la economía se ha documentado la relación entre las enfermedades mentales y la inasistencia laboral, y habría que tomar en cuenta que la depresión para el 2010 ya era la segunda causa de discapa-cidad laboral (Reddy, 2010). Una situación de desempleo, de pobreza, de altos niveles de endeudamiento, visto desde la mirada de la salud mental ocupacional, denota que algunas personas tendrán mayor riesgo de desa-rrollar sintomatología depresiva y conductas asociadas al suicidio. Las em-presas tienen pérdidas importantes cuando sus colaboradores se enferman de depresión y no pueden tener un rendimiento óptimo. Incluso reciente-mente se ha acuñado un nuevo término para señalar el desgaste profesional en la empresa o en el trabajo: síndrome de *burnout* o "estar quemado", en el cual la persona pierde sus objetivos laborales, está desmotivado y tiene la creciente sensación de ineficacia y falta de logros. También desde la econo-mía se ha discutido la importancia de la detección oportuna, para colaborar con los sistemas de salud, donde médicos, enfermeros y, en general, todo el personal de salud está rebasado por la cantidad de personas que necesitan servicios de salud física y mental (Alothman y Fogarty 2020).

Desde las artes y la literatura en ocasiones se ha glorificado el suicidio como el único acto de libertad de la persona; sin embargo, la experiencia revela que, en muchas ocasiones, quienes consideran quitarse la vida lo deciden desde la tristeza, la frustración, la impotencia, la desesperanza o la impulsividad. Aunque estamos de acuerdo en que todas las personas deberían poder sentirse libres, a lo largo de este texto también invitaremos al lector a considerar que las personas que están contemplando el suicidio como una estrategia de afrontamiento, pueden beneficiarse enormemente de hablar con un especialista y posponer la decisión hasta haber estabilizado sus emociones, así como de realizar cambios en el entorno familiar y de aprender estrategias valiosas y efectivas para solucionar sus problemas.

Es aquí donde la psicología desempeña un papel fundamental en el trabajo con personas que han tenido un intento suicida, que están contemplando el suicidio o sobrevivientes a la muerte de alguien cercano por suicidio (Eguiluz *et al.*, 2005). Desde la psicología educativa las intervenciones universales, la detección temprana y los programas de entrenamiento para guardianes o monitores son los que han demostrado tener una alta efectividad, siempre que estén acompañados de políticas públicas relativas a la prohibición o regulación de armas, reglas para hablar del suicidio en los medios de comunicación y estrategias para resguardar medicamentos en casa. Las escuelas secundarias y preparatorias, así como la población universitaria, son las áreas más importantes de prevención de estas conductas (Santillán *et al.*, 2019).

Desde la psicología clínica, el entrenamiento en programas basados en la evidencia para psicólogos y psicólogas en formación, así como para egresados, ha representado un cambio sustancial en los últimos años. La psicoterapia cognitivo conductual (Wenzel *et al.*; 2009), la terapia interpersonal para la depresión (Van Orden *et al.*, 2010), la terapia dialéctico conductual (Linehan, 2003), la psicoterapia en solución de problemas enfocado en las emociones (Nezu *et al.*; 2017), la psicoterapia familiar sistémica (Eguiluz, 2003) y la terapia enfocada a problemas y soluciones (Eguiluz, *et al.*, 2010) son los modelos en los cuales las instituciones educativas y los gobiernos basan sus programas de capacitación.

Además, se ha hecho un trabajo muy importante en relación con la posvención, ese tercer momento en donde se sabe que al menos 25 personas quedan gravemente afectadas después de que alguien muere por suicidio y cuando ocurre un efecto de "contagio", por llamarlo de alguna manera. Psicólogos entrenados y altamente especializados para trabajar con familias, compañeros de grupo o cualquier persona que haya experimentado la muerte de un familiar por suicidio elevan la probabilidad de que ocurra otra tragedia. Incluso desde la Universidad de Kentucky, Cerel (2019) ha trabajado una campaña muy importante para vencer el estigma, denominado "No son seis" (*Not six*), aludiendo al comentario del fundador de la suicidiología, Edwin Schneidman, quien respondió que probablemente fueran seis las personas realmente afectadas después de una muerte por suicidio. La académica recupera esta frase para intentar sensibilizar a la comunidad y documentar que, con base en sus hallazgos, ahora se sabe que son

Referencias

Alothman, D. y Fogarty, A. (2020). Global Differences in Geography, Religion and Other Societal Factors are Associated with Sex Differences in Mortality from Suicide: An Ecological Study of 182 Countries. *Journal of Affective Disorders, 260*, 67-72.

Bachmann, S. (2018). Epidemiology of Suicide and the Psychiatric Perspective. *International Journal of Environmental Research and Public Health, 15*(7), 1425-1432.

Borges, G., García, J. A., Pirkis, J., Spittal, M. J. y Lopez-Arellano, O. (2021). *Suicide After and During the COVID-19 Pandemic in Mexico City.* Ciudad de México: Instituto Nacional de Psiquiatría Ramon de la Fuente

Borges, G., Orozco, R., Villatoro, J., Medina-Mora, M. E., Fleiz, C. y Díaz-Salazar, J. (2021). Suicide Ideation and Behavior in Mexico: Encodat 2016. *Salud Pública de México, 61*(1), 6-15.

Cerel, J., Brown, M. M., Maple, M., Singleton, M., Van de Venne, J., Moore, M. y Flaherty, C. (2019). How Many People Are Exposed to Suicide? Not Six. *Suicide and Life-Threatening Behavior, 49*(2), 529-534.

Durkheim, É. (1986). *El suicidio.* Madrid: Akal.

Eguiluz, L. L. (2003). Ideación suicida en jóvenes. Perspectivas Sistémicas. *Revista Perspectivas Sistémica, 15*(78), 3-9.

Eguiluz, L. L. (2010). *¿Qué podemos hacer para evitar el suicidio?* Ciudad de México: Pax.

Eguiluz, L. L., Nyffeler, E., Alcántara, G. & Chávez, S. (2005). La ideación suicida en jóvenes y el clima social familiar. *Revista Sistemas Familiares,* Asociación de Psicoterapia Sistémica de Buenos Aires, *21*(2), p. 21-39.

Eguiluz, L. L., Córdova, M. y Rosales, C. (2010). *Ante el suicidio. Su comprensión y tratamiento.* Ciudad de México: Pax.

Instituto Nacional de Estadística, Geografía e Informática (2018). Suicidios registrados. https://www.inegi.org.mx/temas/salud/

Instituto Nacional de Estadística, Geografía e Informática (2020). Estadísticas a propósito del Día Mundial para la Prevención del Suicidio. Datos nacionales. https://www.INEGI.org.mx/contenidos/saladeprensa/aproposito/2020/suicidios2020_Nal.pdf

Linehan, M. M. (2003). *Manual de tratamiento de los trastornos de personalidad límite.* Buenos Aires: Paidós.

Nezu, A. M., Nezu, C. M., Stern, J. B., Greenfield, A. P., Diaz, C. y Hays, A. M. (2017). Social Problem-solving Moderates Emotion Reactivity in Predicting Suicide Ideation among US Veterans. *Military Behavioral Health, 5*(4), 417-426.

Organización Mundial de la Salud, OMS (2018). ENT Perfiles de países. Japón, riesgo de mortalidad prematura. https://cdn.who.int/media/docs/default-source/country-profiles/ncds/jpn-es.pdf?sfvrsn=-ce22703e_33&download=true

Reddy, M. S. (2010). Depression: the Disorder and the Burden. *Indian Journal of Psychological Medicine, 32*(1), 1-2.

Retamal, P. (2005). *Enfermedad depresiva. Guía para el paciente y la familia.* Santiago: Mediterráneo.

Rojas, A. (2020). *Adiós a la depresión. En busca de la felicidad razonable.* Barcelona: Planeta.

Santillán, C., Chávez, E., García, H., Meza, A., Flores, O. y Valle, S. (2019). Atención de emergencias psicológicas a estudiantes de las carreras de Salud en la UNAM FESI. En R. Valdés y L. Arenas. *Simplemente quería desaparecer.* Ciudad de México: Instituto Nacional de Salud Pública.

Van Orden, K. A., Witte, T. K., Cukrowicz, K. C., Braithwaite, S. R., Selby, E. A. y Joiner Jr., T. E. (2010). The Interpersonal Theory of Suicide. *Psychological Review, 117*(2), 575.

Wenzel, A., Brown, G. K., y Beck, A. T. (2009). *Cognitive Therapy for Suicidal Patients: Scientific and Clinical Applications.* Washington, D.C.: American Psychological Association.

Capítulo 2

Conductas asociadas
al suicidio en niñas y niños

Zyanya Zazhyl Ortiz Texis

De acuerdo con la Organización Mundial de la Salud (OMS, 2001), el suicidio es un problema de salud que requiere prevención prioritaria en niños y adolescentes. El término *suicidio en la infancia* se utiliza para referirse a la muerte autoinfligida que ocurre en niños y niñas que podrán están cursando el preescolar, la primaria o la secundaria, antes de que se cumplan los 15 años de vida.

Aunque el suicidio en la infancia es poco común y, con frecuencia, clínicamente diferente en comparación con otros grupos de edad, en los años recientes se ha presentado un aumento considerable de este a nivel mundial. En países como Noruega, 61% de las muertes en el grupo de edad entre los 10 y 14 años fueron por suicidio; en Brasil el suicidio infantil aumentó 40% entre 2002 y 2012; y en otros países 14.7% de las muertes en este grupo de edad ocurrieron por suicidio (Sousa *et al.*, 2017).

De acuerdo con el Instituto Nacional de Estadística y Geografía (INEGI, 2020), durante 2018 en México se registraron 641 muertes por lesiones autoinfligidas en el grupo de niñas, niños y adolescentes, de las cuales 88% fueron por ahorcamiento, estrangulamiento o sofocación. Estas estadísticas también revelan que los fallecimientos, en el caso del sexo masculino, son de 4.2 por cada 100 mil niñas, niños y adolescentes, mientras que para el sexo femenino son de 2.9 por cada 100 mil.

Los intentos de suicidio son más frecuentes en niñas que en niños, siendo el uso de medicamentos u otras sustancias peligrosas los métodos más comunes entre ellas (Tirolla *et al.*, 2021). Los varones suelen utilizar estrategias menos complejas y más fáciles de conseguir; sus métodos incluyen ahorcarse, prenderse fuego, saltar desde un lugar alto, ponerse delante de un vehículo en movimiento, ahogarse intencionalmente, golpearse la cabeza con intenciones letales, estrangularse o asfixiarse y utilizar sobredosis de medicamentos (Tishler *et al.*, 2007). A pesar de ser un problema de salud

tal, ser testigo de violencia intrafamiliar y estar inserto en una familia con antecedentes de criminalidad. El efecto acumulativo de las experiencias adversas en la infancia afecta con frecuencia el desarrollo de las funciones implicadas en la regulación fisiológica del estrés, lo que compromete la generación de recursos psicosociales necesarios para afrontar satisfactoriamente las adversidades; de aquí surge un conjunto de problemas que perjudican el desarrollo general, cognitivo y socioemocional de los niños y niñas y esto impacta en la salud general infantil y en la trayectoria escolar.

En cuanto a los padecimientos psiquiátricos de las y los cuidadores, se ha comprobado que la depresión, el uso de sustancias, la psicosis y, en general, la derivación a servicios psiquiátricos en la madre, se encuentran asociados con los intentos de suicidio en infantes. Por lo común, los antecedentes familiares de depresión y suicidio también se encuentran presentes en niñas y niños con ideación suicida, tentativas de suicidio y lesiones no suicidas. De igual modo, el intento o muerte por suicidio de un pariente cercano puede tener un gran impacto en ellas y ellos, al grado de llevarlos a considerar el suicidio como una forma de desaparecer (Evans *et al.*, 2017; Tishler *et al.*, 2007; DeVille *et al.*, 2020).

De acuerdo con Balachandran *et al.* (2020) durante la niñez se aprende por imitación; por lo tanto, si un niño ve a sus seres queridos con estrés, es probable que muestre un comportamiento similar, pero aunque los adultos pueden estar mejor equipados para lidiar con el estrés, las niñas y niños son más propensos a quebrarse bajo presión. Continuando con esta idea, la separación de los padres ha demostrado ser un factor de riesgo asociado al suicidio en la infancia, al igual que otros conflictos en la familia permeados por la tensión, la rigidez y la carencia de diálogo (Sousa *et al.* 2017). Otras experiencias adversas en la infancia relacionadas con la familia son los problemas económicos, el desempleo o los bajos ingresos, el comportamiento suicida de alguno de los padres o la muerte prematura de alguno de ellos (Carballo *et al.*, 2020). Por otra parte, los niños y niñas en hogares grupales tienen siete veces más probabilidades de presentar ideas suicidas que los que están bajo el cuidado de familiares. También se ha comprobado que 3.7% de los niños de 9 a 11 años que ingresan en hogares de guarda debido a los malos tratos, intentaron suicidarse (Evans *et al.*, 2017). Por lo general, los conflictos frecuentes e intensos con los padres, la paternidad autoritaria, la escasa calidez, el abandono o la falta de interés de los padres, la sobreprotección y las prácticas de crianza negativas, se encuentran asociadas al comportamiento suicida (Siu, 2019).

Acoso escolar

El acoso escolar (*bullying*) y cibernético (*ciberbullying*) también pueden estar potencialmente relacionados, aunque en menor medida, con las conductas asociadas al suicidio, sobre todo en los casos de infantes que ya han pasado por experiencias adversas como las señaladas anteriormente. Este hecho resulta alarmante si consideramos que, de acuerdo con la Organización para la Cooperación y el Desarrollo Económicos (OCDE, 2018), en México más de 20% de las niñas y los niños han reportado haber sido acosados en la escuela.

De acuerdo con el Fondo de las Naciones Unidas para la Infancia (UNICEF), el acoso escolar o *bullying* se refiere a una serie de persecuciones físicas o psicológicas que ejerce un estudiante contra otro, de forma continua e intencionada, creando una relación de dominio-sumisión. El acoso cibernético o *ciberbullying* es la variante que se produce a través de internet, es decir, mediante plataformas virtuales, mensajes de texto, chats o redes sociales; tiene la particularidad de que los contenidos se hacen virales y permanentes, por lo cual este tipo de acoso es mucho más peligroso para la estabilidad emocional de los niños y las niñas.

Katsaras *et al.* (2018) mencionan que las víctimas de acoso escolar tienen más probabilidad de presentar ideación suicida en comparación con aquellos que no han padecido situaciones de este tipo. Dicha probabilidad aumenta si también ocurre el acoso cibernético o si el asedio se lleva a cabo durante un tiempo prolongado. Es importante mencionar lo señalado por Katsaras: que tanto quienes padecen el acoso como quienes lo ejercen presentan conductas asociadas al suicidio.

La situación de las muertes por suicidio no es diferente, ya que las niñas y niños acosados tienen una probabilidad mayor de morir por suicidio que quienes no han atravesado por ello, lo cual revela la asociación clara entre el *bullying* y las conductas asociadas al suicidio (Sousa *et al.*, 2017).

Padecimientos psiquiátricos

Aunque hay pocas niñas y niños con trastornos psiquiátricos que manifiestan conductas asociadas al suicidio, vale la pena indagar cuáles son aquellos padecimientos que podrían ser un factor de riesgo, en especial porque la salud mental de niños y niñas se ve influida por los antecedentes psicopatológicos familiares y la posible interacción, a través del tiempo, con las variables psicológicas y socioeconómicas (Caraveo y Martínez, 2019).

En México los trastornos depresivos y de ansiedad, los asociados con las drogas, la esquizofrenia y los problemas conductuales severos ocupan las principales demandas de atención en los servicios psiquiátricos; esto es alarmante porque tanto la ansiedad como los síndromes depresivos tienden a acentuarse con la edad, incrementando el riesgo de agravar los problemas de salud mental en etapas posteriores de la vida, ya que el desarrollo de uno de estos trastornos puede empeorar la severidad inicial de otra afección (Caraveo y Martínez, 2019; Márquez-Caraveo *et al.*, 2017).

Evans *et al.* (2017) consideran que la manifestación de síntomas emocionales, problemas de conducta, falta de atención e hiperactividad se encuentran asociados al comportamiento suicida en niños y niñas. Respecto de este punto, Vega y Núñez (2017) aseguran que las dificultades de externalización (como la agresión y la hiperactividad) se caracterizan por la falta de regulación, lo cual ocasiona conflicto o daño en el entorno, mientras que en las conductas internalizadas, como la ansiedad y las somatizaciones, se utilizan estrategias de inhibición emocional en las cuales la manifestación del malestar se dirige hacia uno mismo.

En relación con los trastornos psiquiátricos, el trastorno depresivo mayor ha sido considerado un factor importante en la etiología de suicidio en niños, ya que aumenta cinco veces el riesgo de un intento suicida (Carballo *et al.*, 2020). Los síntomas de depresión en la infancia pueden ser similares a los observados en la adultez, la diferencia radica en que los infantes presentan dificultades en las relaciones con su grupo de pares y en su autoconcepto; aunado a esto, padecer depresión en la infancia es un predictor para la vida adulta; lo que es más, se ha encontrado que la sintomatología depresiva se encuentra relacionada con un bajo autoconcepto familiar, personal y de sensación de control (Chávez *et al.*, 2017).

Algunos otros trastornos relacionados con la conducta suicida en la infancia son el trastorno por déficit de atención e hiperactividad y el trastorno antisocial de la personalidad; de hecho, existe una asociación entre rasgos de personalidad y el riesgo de suicidio, ya que aquellos que han muerto por suicidio se mostraron más sensibles, preocupados e impulsivos, en comparación con quienes murieron por causas accidentales. Algunas otras características incluyen ser extremadamente inteligente, desconfiado, violento, sensible a las críticas y tener dificultades para la socialización, así como escasas estrategias para el afrontamiento del estrés (Sousa *et al.*, 2017).

Por otro lado, las niñas y niños con trastornos afectivos, de conducta o disruptivos y rasgos esquizoides, así como con síntomas de pensamiento psicótico o delirante tienen más probabilidades de mostrar un comportamiento suicida que quienes no padecen trastorno alguno. Se ha prestado cada vez más atención al vínculo entre el trastorno bipolar y el suicidio, y se ha encontrado que existe un riesgo extremadamente alto de ideación y comportamiento suicida en niños y niñas con este diagnóstico; también están en alto riesgo aquellos que toman medicamentos antidepresivos para trastornos psiquiátricos. Es posible que la gravedad del deterioro relacionado con los síntomas sea más determinante que un diagnóstico específico, para identificar a quienes se encuentran en mayor riesgo de suicidio (Tishler *et al.*, 2007).

Otros factores asociados al comportamiento suicida

Un factor de riesgo a considerar es la existencia de intentos previos de suicidio. Cuando una niña o un niño ya ha intentado suicidarse, el riesgo de que finalmente muera aumenta significativamente; de hecho, se ha comprobado que quienes presentan conductas asociadas al suicidio tienden a pensar y soñar más sobre la muerte, temen más a la muerte y se preocupan más por la muerte que quienes que no presentan dichas conductas (Carballo *et al.*, 2020).

Uno de los factores mejor estudiados y respaldados respecto a cómo las relaciones sociales influyen en el riesgo de suicidio es el contagio, pues se ha comprobado que la exposición al suicidio aumenta el riesgo de ideación suicida, el comportamiento autodestructivo y, a veces, incluso conduce a la muerte por suicidio a personas que han estado expuestas (Singer *et al.*, 2019).

Existen también factores de riesgo ambientales y contextuales que pueden asociarse al comportamiento suicida. Tal es el caso de la pobreza, pues está comprobado que se asocia a otras experiencias adversas de la infancia, como una mayor probabilidad de experimentar exposición a la violencia o vivir en un hogar con mucho estrés (Crouch *et al.*, 2019). También la muerte de personas emocionalmente cercanas suele ser un factor de riesgo si no se atiende psicológicamente la pérdida (Tishler *et al.*, 2007). De acuerdo con Carballo *et al.* (2020), otros eventos que pueden generar crisis son el cambio de residencia o el cambio de escuela, ya que para los niños y las niñas puede representar la pérdida de un entorno familiar, así como una ruptura de la red social, lo cual puede generar estrés y problemas de adaptación y, por lo tanto, aumentar el riesgo de comportamiento suicida.

Finalmente, un evento al que todo el mundo se vio expuesto recientemente y que puso en evidencia la necesidad de tener más información y brindar atención al problema del suicidio infantil, fue la pandemia de COVID-19. Mientras los niños y niñas asistían a clases en línea, pasaban el resto de su tiempo frente a la televisión y en internet, lo que generó o potenció problemas psicosociales como la adicción a internet, la baja autoestima y el escaso interés por las actividades físicas. Asociado a esto, el ciberacoso y la ansiedad derivados de las interacciones en redes sociales también pasaron factura sobre la salud mental de niñas y niños, quienes incluso pudieron llegar a desarrollar cierta sensibilidad a los conflictos domésticos durante el aislamiento causado por el encierro; de la misma manera, los infantes cuyos padres prestaron sus servicios en hospitales o puestos en cuarentena, se encontraron particularmente vulnerables por exposición al virus (Balachandran et al., 2020).

El caso de México no es diferente, ya que la Encuesta Nacional de Salud (Ensaut, 2020) presentó datos sumamente alarmantes, según los cuales 1 150 niñas, niños o adolescentes murieron por suicidio, es decir, un promedio de tres casos por día, casi el triple que los registrados por COVID-19.

Factores protectores

No es de sorprender que las afecciones de los cuidadores primarios se conviertan en un factor de riesgo o, por el contrario, en un factor protector al satisfacer las necesidades de los menores, lo cual contribuye a su desarrollo emocional.

Tal y como mencionan Socha et al. (2021), la familia es el lugar donde se comparten y gestionan los riesgos sociales de sus integrantes; por ende, como se ha revisado con anterioridad, desde el núcleo familiar se desprenden tanto factores de riesgo como factores protectores que mitigan el riesgo de suicidio en la niñez. Sin lugar a dudas, la integración de los infantes en el marco de una familia que los protege, al reducir el aislamiento y al ampliar el apoyo social y emocional, resulta un factor protector (Shaffer y Fisher, 1981).

La familia también es donde se tejen los primeros vínculos afectivos, es decir, donde se dan las primeras relaciones de confianza, cariño, afecto y comunicación, siendo determinante el vínculo con la madre, quien en un primer momento satisface todas las necesidades del niño; por lo tanto, la comunicación asertiva, la participación de los hijos en las decisiones familiares, la relación funcional entre padres e hijos, las expresiones de afecto, caricias y abrazos, la implementación de normas, el cuidado parental, los vínculos afectivos estables, la cohesión familiar con grupos de iguales y el apoyo familiar y comunitario también protegen a niñas y niños de presentar conductas asociadas al suicidio (Medina *et al.*, 2019). Por otro lado, pese a que usualmente el divorcio y la separación de los padres son un factor de riesgo, de acuerdo con Crouch *et al.* (2019), en ciertos casos pueden proteger la salud de los niños en el contexto de un hogar muy conflictivo.

Lo anterior pone en evidencia que, cuando niñas y niños ven a sus padres manejar una situación con madurez y con un estado de ánimo positivo, se encuentran más seguros y confiados, así es que cuanto más se les anima a afrontar las dificultades, es más probable que se vuelvan más resistentes (Balachandran *et al.*, 2020).

También hay factores protectores relacionados al ámbito escolar; por ejemplo, comprometerse positivamente con las labores escolares parece mitigar la probabilidad de presentar conductas asociadas al suicidio en niños y niñas. De la misma manera, un entorno escolar positivo refleja la percepción que tiene un niño de sus logros y participación en las actividades escolares, ya que, al igual que en el caso de la familia, promueven el desarrollo de la identidad, la autoestima y la resiliencia en los infantes (Janiri *et al.*, 2020).

En consecuencia, algunos de los factores individuales que protegen a los niños y niñas incluyen contar con estrategias que les permitan autorregular sus emociones, ya que presentan cierta ventaja sobre aquellos a los que les es difícil afrontar situaciones con una fuerte carga afectiva (Araya y Calderón, 2017); así como tener habilidades para la vida, atributos prosociales, competencias cognitivas y habilidades para resolver problemas (Siu, 2019).

Prevención

El suicidio es un problema de salud pública que se puede prevenir, comenzando por su detección oportuna en la niñez y haciendo un adecuado abordaje en diferentes niveles de intervención. Para lograrlo, es importante y necesario identificar que el suicidio sigue un *continuum* que inicia con la ideación, se convierte en vago deseo de estar muerto, avanza hasta la planificación y el intento, y puede resultar en la muerte por suicidio.

Prevención primaria

Las medidas de prevención primaria se encuentran dirigidas a la población en general; tienen como objetivo dotar a los niños y niñas de estrategias de afrontamiento, mejorar las relaciones familiares y permitir la identificación de experiencias adversas y la detección de conductas asociadas al suicidio en la niñez, no solo en la familia, sino también en el entorno escolar y hospitalario.

Para prevenir el suicidio infantil se pueden implementar programas que se enfoquen en el fortalecimiento de la autoestima, en el desarrollo de estrategias de afrontamiento, en la prevención de consumo de sustancias, en la identificación y expresión de emociones y en la promoción de pensamientos saludables (Araya y Calderón, 2017). También es necesario fortalecer la economía de las familias, garantizar el acceso a la educación de calidad a una edad temprana, mejorar las habilidades de crianza de los padres y cuidadores, e intervenir para disminuir el daño y prevenir riesgos futuros; esto favorecerá la creación de un contexto seguro y de apoyo para los niños, los padres y las comunidades, reducirá la exposición a las experiencias adversas de la infancia y mitigará las secuelas negativas, como el suicidio (Ports *et al.*, 2017).

Al respecto, el Centro para la Inteligencia Emocional la Universidad de Yale (2020) comenzó a implementar en instituciones educativas un enfoque sistémico del aprendizaje social y emocional llamado RULER (Reconocer, Entender, Catalogar, Expresar, Regular), que entrena en habilidades relacionadas con inteligencia emocional a todos los interesados en la comunidad escolar (orientadores, maestros, personal, estudiantes y familias) mediante cuatro herramientas básicas: *a)* carta, que ayuda a construir y mantener climas emocionales positivos mediante normas acordadas sobre cómo los individuos quieren sentirse y cómo pueden ayudarse mutuamente a experimentar esos sentimientos; *b) Mood meter,* que mejora la conciencia social y personal a partir del desarrollo de un vocabulario de emociones y de estrategias para regular las emociones; *c)* metamomento, que sugiere un proceso para responder a situaciones emocionales, con estrategias para dar lo mejor de uno mismo y que promueven las relaciones saludables y el bienestar personal; y *d)* modelo, que apoya el desarrollo de la empatía y las

posteriormente comunicarlo, cuidando la manera de hacerlo. La comunicación debe realizarse por separado de otros avisos, cuidando las limitaciones impuestas por la familia, evitando idealizar a la persona y glorificar el suicidio; por ello es necesario mencionar las dificultades a las que se enfrentaba la persona; de lo contrario, se puede causar confusión y dar la impresión de que el suicidio es una forma efectiva de abordar la angustia (Fundación Estadounidense para la Prevención del Suicidio y el Centro de Recursos para la Prevención del Suicidio, 2018).

El contagio después de un suicidio es real, y los informes responsables pueden reducir el riesgo de suicidios posteriores. Abordar el suicidio con cuidado puede cambiar las percepciones, disipar mitos y contribuir a informar al público sobre las complejidades del tema, en especial porque puede ser una oportunidad de ayudar si se incluyen recursos útiles y mensajes de esperanza y recuperación. Se recomienda tratar el suicidio como un problema de salud pública; incluir historias sobre la esperanza y la recuperación; proporcionar información sobre las señales de alerta, así como recursos para el tratamiento, como líneas de atención locales. También es importante usar un lenguaje apropiado y evitar frases como "cometió suicidio" o referirse al suicidio como "exitoso", "fallido" o un "intento fallido"; en su lugar, se pude usar "murió por suicidio" o "se suicidó" (Reporting on Suicide, 2020).

Después de comunicar la noticia, es fundamental que se brinde a los estudiantes que necesitan un apoyo más profundo la oportunidad de reunirse en grupos pequeños, para darles soporte adecuado a todos los estudiantes, ya que después de un suicidio tanto estudiantes como otros miembros de la comunidad escolar pueden sentirse emocionalmente abrumados; esto puede dificultar que la escuela vuelva a su normal funcionamiento, por lo que la respuesta de una institución después de una pérdida por suicidio es más efectiva cuando proporciona diferentes niveles de apoyo según las necesidades de los estudiantes (Fundación Estadounidense para la Prevención del Suicidio y el Centro de Recursos para la Prevención del Suicidio, 2018).

Todos los estudiantes deben tener la oportunidad de ir a una reunión de un grupo pequeño donde puedan expresar sus sentimientos sobre la muerte de su compañero o compañera de clase y obtener apoyo; la intención es animar a los estudiantes a pensar en estrategias para cuando comienzan las emociones intensas (como ejercicios de respiración y relajación, realización de actividades agradables, ejercitarse, identificar fuentes de apoyo social, enfocarse en logros personales, etc.). Estas reuniones son opcionales y deben tener lugar fuera de su salón de clases, en oficinas privadas dentro de la escuela, e idealmente deben estar organizadas por un profesional de salud mental con experiencia en posvención (Fundación Estadounidense para la Prevención del Suicidio y el Centro de Recursos para la Prevención del Suicidio, 2018).

La muerte por suicidio en niñas y niños es un fenómeno complejo para el que las y los psicólogos deben de estar adecuadamente capacitados. Esto comprende tanto a psicólogos educativos como a psicólogos clínicos que colaboran en hospitales, centros de salud o consultorios privados. Teniendo este contexto, a continuación se presentará un ejemplo de intervención de un caso clínico.

Caso clínico

Niña de 10 años, estudiante de quinto de primaria, de clase socioeconómica baja. La última de tres hijas. Actualmente vive con su tía y su prima, a petición de la tía misma, dados los problemas y discusiones que constantemente tenía la niña con sus hermanas y madre, quien llegó a violentar a la niña físicamente. Presenta rezago académico y dificultad para socializar. Refiere sentirse triste constantemente, sin ganas de estudiar ni de realizar sus pasatiempos que eran bailar, cantar y sacar a pasear a su perro. Comenta que todo el tiempo se siente con sueño y que no le da hambre; además comenta que suele pensar que su familia estaría mejor sin ella; todo a partir del fallecimiento de su padre hace dos meses.

Intervención

En este caso, la tía presenta a la paciente después de que la escuela reportara el bajo rendimiento que ha venido presentando en la escuela y de que llorara mientras leía un cuento en clase de español, donde uno de los personajes fallece; la tía comenta que el padre de la niña falleció hace poco y se muestra preocupada por los pensamientos que constantemente refiere acerca de que su familia estaría mejor sin ella.

Se decide trabajar con ella las herramientas ASQ (Ask Suicide-Screening Questions) del Instituto Nacional de Salud Mental, que se encuentran diseñadas para atender pacientes pediátricos, evaluando en un primer momento la presencia de conductas asociadas al suicidio (véase anexo 1), y posteriormente el Plan de seguridad, breve evaluación de seguridad en caso de suicidio (BSSA), que se utiliza en caso de que el o la paciente puntúe positivo para riesgo de suicidio. Se elaboró la versión traducida al español de esta última herramienta para este libro (véase anexo 2).

Dichas herramientas se encuentran diseñadas para pacientes de 8 años o más. En caso de usarse con jóvenes, se recomienda que se realice sin la presencia del padre o tutor; si este se niega a irse o el niño insiste en que se quede, puede realizarse con el adulto presente, aunque se debe pedir a cualquier otro visitante que salga de la habitación durante el examen.

Se comienza pidiendo a la tía que salga de la habitación para iniciar la evaluación con la herramienta ASQ. Se le pregunta a la paciente si sabe por qué la han llevado, a lo que responde que es porque tuvo problemas con su maestra y porque últimamente no se ha sentido bien, ya que extraña a su papá, con quien compartía muchas de las actividades que anteriormente disfrutaba hacer. Comenta que desde que su papá no está, toda su familia discute y la regañan, por lo que ella solo quisiera no estar aquí. A continuación se le explica que se le harán unas preguntas a las cuales deberá responder con *Sí* o *No*. Durante la evaluación, refiere que ha deseado estar muerta, ya que ha sentido que su familia estaría mejor sin ella; sin embargo, no ha pensado ni ha intentado suicidarse, actualmente.

Dado que puntúa positivo al riesgo de suicidio, se procede a aplicar la Breve evaluación de seguridad en caso de suicidio (BSSA). Primero, se elogia a la niña por hablar acerca de sus pensamientos y se revisa la frecuencia de los pensamientos suicidas preguntando "En las últimas semanas, ¿has estado pensando en suicidarte?", a lo que responde que no, pero que siente que toda su familia estaría mejor si lo hiciera; al indagar acerca de la frecuencia de estos pensamientos, refiere que aparecen cada vez que la regañan, o que su mamá, sus hermanas o su tía pelean entre ellas; al cuestionar la frecuencia de estos conflictos, responde que generalmente ocurren el fin de semana o cuando hay junta en la escuela, siendo por lo tanto, el fin de semana pasado la última vez que pensó en ello. Al preguntar si tiene un plan, comenta que no, pero se ha preguntado qué sucedería si cruza la calle sin mirar hacia ambos lados.

Posteriormente se procede a preguntarle si alguna vez se ha hecho daño; comenta que no, pero que cuando siente miedo empieza a rascarse muy fuerte. Nunca ha recibido tratamiento médico o psiquiátrico.

Después se hace la evaluación de la sintomatología que ha estado presentando. Reporta presentar depresión y anhedonia, ya que ha dejado de cantar y bailar, actividades que antes disfrutaba mucho; ahora solo quiere estar en su cama porque se siente muy triste. También padece ansiedad, ya que se siente muy nerviosa cuando no entiende las tareas o las indicaciones durante las clases, y esto provoca que no ponga atención. Se siente desesperanzada de que alguna vez las cosas mejoren para ella porque comenta que cada vez se le acumula más la tarea y se acercan los exámenes; además, no ha podido dormir bien, se despierta mucho y durante el día solo quiere dormir. Tiene poca hambre y últimamente casi nunca se termina la comida, lo que provoca que su tía la regañe. Trata de mantenerse alejada de su familia para que no la regañen. Le preocupa mucho pensar en que podría enfermarse, porque no la dejarían estar cerca de su mascota.

Respecto del área de apoyo social, comenta que confía mucho en su prima, que es varios años mayor que ella y la ayuda con su tarea cuando no la entiende, aunque últimamente siente que está muy ocupada y evita pedirle apoyo por esta razón. No confía mucho en su mamá o hermanas porque siempre están enojadas y peleando; piensa que es porque su papá murió. Nunca ha tomado terapia. En lo referente a los estresores, lo que más le preocupa es la escuela; ha llegado a pensar que no puede con tanta tarea, pues incluso los fines de semana está tratando de terminarla, muchas veces sin éxito. La paciente indica que nadie la molesta en la escuela, más bien "como que la ignoran". No conoce a nadie que se haya suicidado. Comenta que su principal razón para no suicidarse es su mascota, su tía y su prima, que se pondrían muy tristes.

Una vez concluida esta parte de la evaluación, se le indica a su tía que entre a la sesión, puesto que la niña ha dado permiso. Cuando se le pregunta si sabía acerca de que la niña ha pensado que la familia estaría mejor si ella no estuviera, comenta que sí le hace el comentario cuando surge el tema de las discusiones en la familia y cuando deben hablar con la mamá de ella sobre sus calificaciones y tareas en la escuela, ya que algunas veces la maestra solicita su presencia para comentarle que no entrega tareas o que no responde cuando le preguntan. La tía siente que sí ha estado muy triste y ansiosa, y tiene que insistirle para que coma; también identifica que ha dejado de escuchar música (su mamá le comentaba que constantemente reñían por el volumen empleado). La tía refiere que nadie en casa ingiere ni alcohol ni tabaco ni nadie en la familia ha intentado suicidarse. Los artículos peligrosos y sustancias tóxicas están lejos del alcance de la niña: los medicamentos están en el botiquín del baño y lo demás, en el área de lavado. Comenta que su sobrina está a salvo en su casa; de hecho decidió llevársela con ella porque con su mamá no había supervisión de nada. Siente que confía en ella y en su hija.

Posteriormente se realiza un plan de seguridad con la niña y con la tía. Se acuerda que le avisará a sus tía o a su prima en caso de tener pensamientos suicidas. También que es importante que pueda volver a escuchar música, cantar y bailar, así como dedicar por lo menos un día a la semana para pasear a su perro. Se le indicaron ejercicios de respiración profunda diafragmática en caso de sentirse muy nerviosa o con mucho miedo. Se reiteró la importancia de retirar cualquier objeto potencialmente peligroso. La tía comenta que los medicamentos o productos de limpieza o tóxicos están fuera del alcance de la paciente, ya que no los alcanza. Finalmente, se decide que la paciente podría beneficiarse de otro servicio de salud mental, como psiquiatría, por lo que se hace la nota de interconsulta y se le brindan números de emergencia.

Referencias

American Foundation for Suicide Prevention & Suicide Prevention Resource Center (2018). *After a Suicide: A Toolkit for Schools*, Waltham: Education Development Center. https://www.sprc.org/sites/default/files/resource-program/AfteraSuicideToolkitforSchools.pdf

Andriessen, K., Krysinska, K., Kõlves, K. y Reavley, N. (2019). Suicide Postvention Service Models and Guidelines 2014-2019: A Systematic Review. *Frontiers in Psychology, 10,* artículo 2677.

Araya, D. y Calderón, M. (2017). Habilidades para la vida para la prevención de conducta suicida en niños: descripción de una experiencia grupal. *Revista Cúpula, 31*(2), 52-59.

Balachandran, A. K., Alagarsamy, S. y Mehrolia, S. (2020). Suicide among Children during COVID-19 Pandemic: An Alarming Social Issue. En *Asian Journal of Psychiatry, 54*, artículo 102420.

Caraveo A. J. y Martínez, V. N. (2019). Salud mental infantil: una prioridad a considerar. En *Salud Pública de México, 61*(4), 514-523.

Carballo, J. J., Llorente, C., Kehrmann, L., Flamarique, I., Zuddas, A., Purper-Ouakil, D. y Arango, C. (2020). Psychosocial Risk Factors for Suicidality in Children and Adolescents. En *European Child & Adolescent Psychiatry, 29*(6), 759-776.

Chávez, A. M., Correa, F. E., Klein, A. L., Macías, L. F., Cardoso, K. V. y Acosta, I. B. (2017). Sintomatología depresiva, ideación suicida y autoconcepto en una muestra de niños mexicanos. En *Avances en Psicología Latinoamericana, 35*(3), 501-514.

Crouch, E., Probst, J. C., Radcliff, E., Bennett, K. J. y McKinney, S. H. (2019). Prevalence of Adverse Childhood Experiences (ACEs) among US Children. *Child Abuse & Neglect, 92*, 209-218.

DeVille, D. C., Whalen, D., Breslin, F. J., Morris, A. S., Khalsa, S. S., Paulus, M. P. y Barch, D. M. (2020). Prevalence and Family-Related Factors Associated with Suicidal Ideation, Suicide Attempts, and Self-Injury in Children Aged 9 to 10 Years. En *JAMA Network Open, 3*(2), artículo e1920956.

Encuesta Nacional de Salud y Nutrición (Ensaut) (2021). Informe de Resultados de la Encuesta Nacional de Salud y Nutrición 2020 sobre covid-19. https://ensanut.insp.mx/encuestas/ensanutcontinua2021/doctos/informes/220804_Ensa21_digital_4ago.pdf

Evans, R., White, J., Turley, R., Slater, T., Morgan, H., Strange, H. y Scourfield, J. (2017). Comparison of Suicidal Ideation, Suicide Attempt and Suicide in Children and Young People in Care and Non-Care Populations: Systematic Review and Meta-Analysis of Prevalence. En *Children and Youth Services Review, 82*, 122-129.

Fondo de las Naciones Unidas para la Infancia (2019). Guía para prevenir el acoso escolar. Conecta con la realidad de tu hijo. https://www.unicef.es/sites/unicef.es/files/recursos/acoso-escolar/UNICEF-guia-aco-so-escolar.pdf

Higher Education Mental Health Alliance (2014). Postvention: A Guide for Response to Suicide on College Campuses. https://sprc.org/sites/default/files/resource-program/Hemha-postvention-guide.pdf

Instituto Nacional de Estadística y Geografía (2020). Estadísticas a propósito del Día Mundial para la Prevención del Suicidio. Datos nacionales. https://www.inegi.org.mx/contenidos/saladeprensa/aproposito/2021/Suicidios2021_Nal.pdf

Instituto Nacional de Salud Mental (2020). Ask Suicide-Screening Questions (ASQ) Toolkit. https://www.nimh.nih.gov/research/research-conducted-at-nimh/asq-toolkit-materials

Janiri, D., Doucet, G. E., Pompili, M., Sani, G., Luna, B., Brent, D. A. y Frangou, S. (2020). Risk and Protective Factors for Childhood Suicidality: a US Population-Based Study. En *The Lancet Psychiatry, 7(4)*, 317-326.

Katsaras, G. N., Vouloumanou, E. K., Kourlaba, G., Kyritsi, E., Evagelou, E. y Bakoula, C. (2018). Bullying and Suicidality in Children and Adolescents without Predisposing Factors: A Systematic Review and Meta-Analysis. En *Adolescent Research Review, 3(2)*, 193-217.

Liu, J., Fang, Y., Gong, J., Cui, X., Meng, T., Xiao, B. y Luo, X. (2017). Associations between Suicidal Behavior and Childhood Abuse and Neglect: A Meta-Analysis. En *Journal of Affective Disorders, 220*, 147-155.

Márquez-Caraveo, M., Arroyo-García, E., Granados-Rojas, A., y Ángeles-Llerenas, A. (2017). Hospital Psiquiátrico Infantil Dr. Juan N. Navarro: 50 años de atención a la salud mental de niños y adolescentes en México. *Salud Pública de México, 59(4)*, 477-484.

Medina, M., Rúa, S. y Vasco, S. (2019). Relaciones parentofiliales en la infancia. Prevención del comportamiento suicida. *Poiésis, 36*, 147-163.

Miller, D. N. y Mazza, J. J. (2018). School-Based Suicide Prevention, Intervention, and Postvention. En Leschied, A., Saklofske, D. y Flett, G. (Eds.), *Handbook of School-Based Mental Health Promotion* (págs. 261-277). Gewerbestrasse: Springer International Publishing.

OMS (2001). Preventing Suicide a Resource for Teachers and Other School Staff. https://apps.who.int/iris/handle/10665/66801

Organización para la Cooperación y el Desarrollo Económicos (2018). Programa para la Evaluación Internacional de Alumnos (PISA). https://www.oecd.org/pisa/pisa-es/

Ports, K. A., Merrick, M. T., Stone, D. M., Wilkins, N. J., Reed, J., Ebin, J. y Ford, D. C. (2017). Adverse Childhood Experiences and Suicide Risk: Toward Comprehensive Prevention. En *American Journal of Preventive Medicine, 53*(3), 400-403

Reporting on Suicide (2020). Best Practices and Recommendations for Reporting on Suicide. https://reportingonsuicide.org/Recommendations

Shaffer, D. y Fisher, P. (1981). The Epidemiology of Suicide in Children and Young Adolescents. *Journal of the American Academy of Child Psychiatry, 20*(3), 545-565.

Singer, J. B., Erbacher, T. A. y Rosen, P. (2019). School-Based Suicide Prevention: a Framework for Evidence-Based Practice. *School Mental Health, 11*, 54-71.

Siu, A. M. (2019). Self-Harm and Suicide among Children and Adolescents in Hong Kong: a Review of Prevalence, Risk Factors, and Prevention Strategies. *Journal of Adolescent Health, 64*(6), S59-S64.

Socha, M. A., Hernández, E. H., Guzmán, Y. R., Ayala, A. y Moreno, M. M. (2021). Prevención de la conducta suicida en niños y adolescentes en atención primaria. *Archivos de Medicina, 21*(1), 150-164.

Sousa, G. S., Santos, M. S., Silva, A. T., Perrelli, J. G. y Sougey, E. B. (2017). Suicide in Childhood: a Literature Review. *Ciencia & Saude Coletiva, 22*(9), 3009-3110.

Spirito, A. y Esposito, S. C. (2006). Addressing Adolescent Suicidal Behavior: Cognitive-Behavioral Strategies. En P. C. Kendall (Ed.), *Child and Adolescent Therapy Cognitive-Behavioral Procedures* (pp. 217-242). Nueva York: The Guilford Press.

Tirolla, R. M., Girotto, E. y Guidoni, C. M. (2021). Clinical and Epidemiological Analysis of Suicide Attempts in Children Assisted by a Poison Control Center. *Revista Paulista de Pediatría, 39*, artículo e2019345.

Tishler, C. L., Reiss, N. S. y Rhodes, A. R. (2007). Suicidal Behavior in Children Younger than Twelve: a Diagnostic Challenge for Emergency Department Personnel. En *Academic Emergency Medicine, 14*(9), 810-818.

Iowa State University. Strengthening Families Program: For Parents and Youth 10-14. https://www.extension.iastate.edu/sfp10-14/

Yale School of Medicine (2020). Child Study Center. https://ycei.org/ruler

Vega, A. M. y Núñez, U. G. (2017). Experiencias adversas en la infancia: revisión de su impacto en niños de 0 a 5 años. En *Enfermería Universitaria, 14*(2), 124-130.

Capítulo 3

El trabajo clínico con jóvenes que piensan en el suicidio

Josué Omar Suárez Ortiz

El objetivo de este capítulo es brindar un panorama de la investigación reciente sobre el fenómeno del suicidio en personas jóvenes, es decir, quienes se encuentran entre los 18 y los 25 años. Se exploran los factores de riesgo asociados a las conductas suicidas, así como los modelos que explican la progresión desde la ideación hasta el intento. Posteriormente, se describen los enfoques cognitivo conductual y los basados en la familia, que se usan para analizar las conductas suicidas en jóvenes. Finalmente, se describe un caso clínico y un ejemplo del uso de la técnica del "Termómetro de las emociones" en la terapia.

Juventud: adolescencia y adultez emergente

El desarrollo del ser humano es continuo a lo largo de todo el ciclo vital, y para su estudio se ha dividido en etapas discretas cuyos límites no están totalmente claros; sin embargo, estas etapas se pueden identificar por los diferentes procesos que normalmente ocurren en ellas. La juventud se caracteriza por la adopción parcial de algunos roles típicos de la adultez al tiempo que se mantienen otros de la niñez. Al respecto, se ha dicho que los jóvenes ejercen un "rol sin roles"; ahora tienen más posibilidades que sus coetáneos de otras épocas, su papel no está tan acotado y eso hace su estatus demográfico incierto, impredecible e inestable (Arnett, 2000; Galambos y Martínez, 2007). Para los fines de este capítulo llamaremos jóvenes a aquellas personas de entre 15 y 24 años, que transitan la adolescencia tardía y la adultez emergente (Arnett *et al.*, 2011; Grace, 1998).

La juventud supone un aumento del bienestar, la madurez y el autocontrol; las capacidades cognitivas se vuelvan más organizadas y autorreflexivas en esta etapa, pero paradójicamente el cambio a esta fase de grandes posibilidades también representa un gran riesgo de diversas psicopatologías (Arnett *et al.*, 2011). Este grupo etario padece más trastornos psiquiátricos que otros; los más prevalentes son la ansiedad, las variaciones en el estado de ánimo, el uso de sustancias y los trastornos del control de impulsos y por estrés postraumático, los cuales, aunados al riesgo de suicidio, las autolesiones y otras formas de violencia, representan una de las caras más preocupantes de la juventud (United Nations Department of Economic and Social Affairs, 2004).

Adicionalmente, los jóvenes son especialmente reacios a buscar ayuda cuando padecen trastornos mentales. Se estima que apenas un tercio de las personas que han manifestado síntomas de ansiedad o depresión busca ayuda, siendo los varones quienes menos lo hacen y quienes presentan una mayor tasa de suicidio. Las conductas autolesivas y la ideación suicida son factores que dificultan aún más la búsqueda de apoyo, pues incrementan el aislamiento social, el deseo de mantener la angustia para sí mismo y la creencia de que la ayuda puede no ser útil (Gulliver *et al.*, 2010; Michelmore y Hindley, 2012; Rickwood *et al.*, 2007).

Lo anterior sugiere que el tratamiento de los trastornos mentales en los jóvenes requiere conocer y atender sus necesidades específicas. Su identificación temprana y su atención oportuna pueden asegurar el desarrollo personal, profesional y el establecimiento de relaciones significativas, pues la resolución exitosa de esta etapa sienta la base de la trayectoria que se ha de seguir durante la adultez (Davey y McGorry, 2018).

Conductas y factores asociados al suicidio en jóvenes

Determinar la etiología del acto suicida es complicado. Las causas que conducen a una persona a atentar contra su vida son diversas. La prevalencia de factores ambientales, personales y biológicos en jóvenes con conductas suicidas es poco clara, ya que no siempre se reportan en la población no institucionalizada; por ejemplo, la ideación, intentos y factores relacionados suelen registrarse solo si el paciente busca ayuda, a diferencia del suicidio, cuya ocurrencia suele recopilarse de manera rutinaria (Borges *et al.*, 2010). En este sentido, es importante conocer aquellas conductas asociadas que suelen preceder a la muerte por suicidio, ya que pueden ser de utilidad para determinar el riesgo potencial de un paciente y favorecer un tratamiento oportuno.

Ideación, planeación e intento de suicidio

La mayoría de quienes presentan ideación suicida comienza a padecerla en los primeros años de la segunda década de vida, y se estima que los intentos de suicidio son más frecuentes durante el primer año posterior al inicio de la ideación. Si bien no todas las personas que piensan suicidarse lo hacen, el riesgo del primer intento aumenta entre ideadores (quienes presentan ideación suicida) que además han pensado cómo llevarlo a cabo, y se mantiene elevado durante varios años. De los intentos de suicidio que ocurren en el año posterior al inicio de la ideación suicida, cerca de 90% no fueron planeados y 60% sí lo fueron (Kessler *et al.*, 1999).

En la población mexicana, una encuesta transversal aplicada entre los años 2001 y 2013 a jóvenes de 19 a 26 años de la Ciudad de México y área metropolitana encontró que la prevalencia de la ideación suicida a lo largo de la vida se triplicó (Borges *et al.*, 2016), mientras que la Encuesta Nacional de Consumo de Drogas, Alcohol y Tabaco 2016 (Encodat) reporta que entre los ideadores, el grupo de los adolescentes es el más propenso a hacer planes e intentos de suicidio, comparado con otros grupos etarios; cuando se compara por sexos, el grupo de las mujeres jóvenes es el que tiene mayor prevalencia de ideación suicida (Borges *et al.*, 2018). Otros factores relacionados con la ideación suicida son el bajo rendimiento escolar, tener estudios truncos, la sensación de fracaso, desesperanza, baja autoeficacia, frustración y tristeza; mientras que los intentos se relacionan con ideas más concretas relacionadas con la planeación: "pensé en matarme", por ejemplo (González-Forteza *et al.*, 1998; Siabato y Salamanca, 2015).

Trastornos mentales

Existe una asociación entre los trastornos mentales y las conductas suicidas; por ejemplo, el trastorno límite de la personalidad (TLP), la anorexia nerviosa, la depresión y el trastorno bipolar tienen las tasas de riesgo de suicidio más elevadas (Chesney *et al.*, 2014). Sin embargo, diversas revisiones sistemáticas y otros estudios han encontrado que el riesgo podría ser especialmente alto entre la población joven. En la Ciudad de México, 85.5% de los jóvenes que intentaron suicidarse durante el año 2013 padecían un trastorno mental (Borges *et al.*, 2016); también Akca y colaboradores (2018) encontraron que las personas entre 15 y 24 años que requieren atención psiquiátrica tienen más riesgo de conductas suicidas. Al respecto, se ha detectado que los trastornos relacionados con el uso de sustancias como el alcohol precedieron los suicidios en más casos que en los controles (Cavanagh *et al.*, 2003; Wiebenga *et al.*, 2020); de igual manera que la depresión y los trastornos de la personalidad, los trastornos psicóticos y el trastorno bipolar (Suokas *et al.*, 2010; Qin, 2011), así como los problemas causados por la ansiedad (Bentley *et al.*, 2016) están asociados con un mayor riesgo de suicidio.

Se sabe que la prevalencia de conductas suicidas aumenta con la comorbilidad entre los trastornos psiquiátricos: a mayor sintomatología de diferentes trastornos, mayor riesgo de conductas suicidas (Suokas *et al.*, 2010), lo cual sugiere que pueden existir factores en común en los trastornos mentales y el suicidio.

Respecto al aumento del riesgo debido a la comorbilidad, existen dos posibles explicaciones: *a)* algunos trastornos están correlacionados con el intento de suicidio porque son comórbidos con trastornos que, de manera independiente, se asocian con los intentos de suicidio y, *b)* gran parte de la asociación entre trastornos mentales e intentos de suicidio se explica por un factor en común a muchos de los trastornos, como la experiencia de estresores o la discapacidad (Gili *et al.*, 2019).

Por su parte, Li y colaboradores (2020) argumentan que la tensión o estrés resultante de conflictos por demandas en diferentes sentidos (por ejemplo, por diferentes valores, discrepancias entre lo esperado y la realidad o por la falta de habilidades para afrontar las crisis) pueden conducir al suicidio u otros actos de violencia autoinfligida.

Identidad y orientación sexual

Las personas jóvenes lesbianas, gay, bisexuales y transgénero (LGBT) son un grupo con alto riesgo de conductas suicidas (Blosnich *et al.*, 2018). Como se mencionó previamente, la adolescencia y adultez emergente se asocian con un alto nivel de riesgo de conductas suicidas que puede agravarse debido al estrés por el rechazo y la discriminación de la preferencia o la identidad sexual. Los estudios realizados en jóvenes LGBT menores de 25 años reportan una prevalencia de ideación e intento de suicidio a lo largo de la vida mayor que en las personas heterosexuales (Clements-Nolle *et al.*, 2006; Johns *et al.*, 2020; Raifman *et al.*, 2020). En jóvenes LGBT menores de 19 años de la Ciudad de México, las prevalencias de ideación e intento suicida fueron de 60.3% y 26.1%, respectivamente (Ortiz-Hernández y García Torres, 2005), mientras que en población general de edad similar se han reportado prevalencias de 1.5% a 5% para ideación, y de 0.5% a 2.2% para intento de suicidio (Borges *et al.*, 2018).

Entre los factores que se asocian a un mayor riesgo en esta población están los trastornos mentales, el alcoholismo, el abuso sexual, el ser muy joven y la transición de hombre a mujer en el caso de las personas transexuales (Ortiz-Hernández y García Torres, 2005; Clements-Nolle *et al.*, 2006).

Esta vulnerabilidad se ha relacionado con el hecho de que las personas LGBT se enfrentan de manera cotidiana a diferentes formas de violencia por ser parte de minorías sexuales; es decir, por la estigmatización hacia las personas no heterosexuales que se manifiesta a través de estresores externos (violencia, acoso) e internos (invisibilización de la identidad o expectativas de rechazo) (Johns *et al.*, 2020).

La violencia dirigida hacia las personas LGBT es diferente de la violencia que padecen otras personas, ya que está orientada a dañar o intimidar a la persona por su condición individual, como su raza, etnia, orientación sexual o estatus de grupo minoritario (Ortiz-Hernández y García Torres, 2005; Johns *et al.*, 2020).

El estrés psicológico aumentado puede incrementar la desesperanza, lo que a su vez despertará sentimientos de culpa por atribuir la violencia sufrida a las características o conductas propias, y esto podría derivar en ideación suicida (Blosnich *et al.*, 2018).

Como se mencionó, conocer los factores asociados a la conducta suicida puede ser útil para determinar el riesgo específico de un individuo. Sin embargo, usar factores de riesgo demográficos o personales para distinguir a los que lo han pensado de los que han intentado suicidarse puede ser poco práctico como criterio de evaluación clínica, ya que diversos eventos negativos pueden ser factores de riesgo.

Así, May y Klonsky (2016) llevaron a cabo un meta-análisis para identificar factores desencadenantes y encontraron efectos moderados: ser soltero fue ligeramente más común entre los que intentan suicidarse que entre los que solo idean, mientras que las variables que diferencian a ideadores de intentadores fueron los trastornos de ansiedad y el trastorno por estrés postraumático (TEPT), así como los trastornos por uso de sustancias y por abuso sexual; de esto se concluye que los factores citados a menudo no logran discriminar entre ideadores e intentadores de manera confiable.

Los factores interpersonales en el proceso ideación–suicidio

Recientemente la investigación sobre la ideación-planeación se ha movido desde los factores de riesgo hacia marcos conceptuales de ideación-acción. Estos modelos abordan el desarrollo de la ideación suicida y su progresión hacia el intento (Klonsky y May, 2015). Por ejemplo, la teoría interpersonal del suicidio (Joiner, 2005; Joiner *et al.*, 2009; Van Orden *et al.*, 2010) sostiene que los individuos que se suicidan tenían el deseo de morir y la capacidad para intentarlo (figura 1). Sostiene que los factores interpersonales, como las dificultades en las relaciones sociales con amigos y familiares, son los más relacionados con la ideación e intento de suicidio, lo cual adquiere relevancia cuando se estudia este fenómeno en jóvenes.

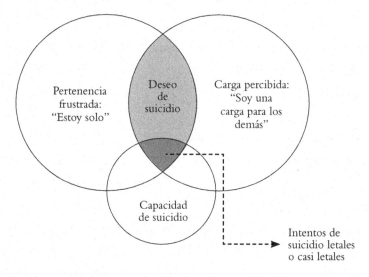

Figura 1. Supuestos centrales de la teoría interpersonal del suicidio. Adaptado de Van Orden *et al.* (2010).

Esta teoría postula tres constructos centrales para la conducta suicida: la *pertenencia frustrada* y la *carga percibida,* que se relacionan con la ideación suicida, y la *capacidad adquirida,* que explica la transición desde la ideación hasta el intento. La relación entre estos constructos está descrita por cuatro hipótesis, lo cual resulta en una vía causal para el desarrollo del deseo de suicidio y la capacidad de involucrarse en conductas suicidas casi o francamente letales (figura 2).

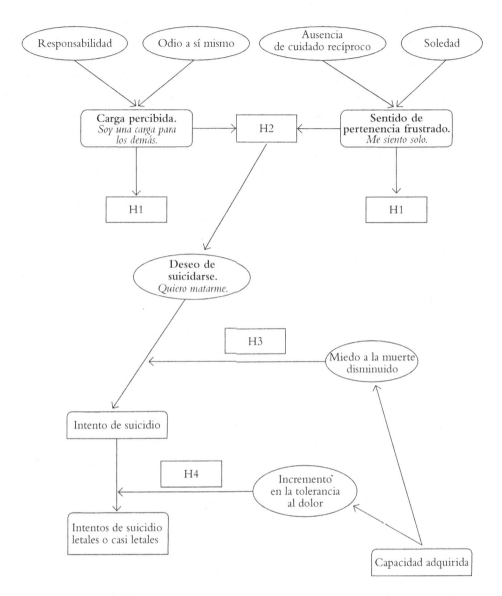

Figura 2. Vía causal a la conducta suicida letal. H1: Ideación suicida pasiva: "quisiera morir". H2: La presencia simultánea de pertenencia frustrada y carga percibida, cuando se perciben estables y sin cambios son una causa proximal y suficiente del deseo activo de suicidio. H3: La presencia simultánea de deseo de suicidio y la disminución del miedo a la muerte sirven como condición para que el deseo suicida se transforme en intento de suicidio. H4: El resultado de la conducta suicida (letal o casi letal) es más probable en el contexto de la pertenencia frustrada, sensación de carga percibida, miedo a la muerte disminuido y aumento en la tolerancia al dolor físico (Adaptado de Van Orden *et al.* 2010).

La soledad y la ausencia de relaciones afectivas recíprocas hacen que la necesidad de pertenencia esté insatisfecha. Un individuo que experimenta el estado mental de pertenencia frustrada puede manifestar su soledad diciendo "me siento desconectado de la gente" y su ausencia de relaciones recíprocas diciendo "no me siento apoyado por otros" o "no hay alguien a quien pueda acudir cuando me encuentro en necesidad". Por otra parte, el constructo de carga percibida, referido a la percepción de que se es una carga prescindible, tiene un papel clave dentro de la etiología del suicidio e incluye a los miembros de la familia, aunque no se limita a estos. Una persona que experimenta el estado mental de carga percibida puede expresar el componente de responsabilidad diciendo "hago que las cosas sean peores para las personas que están en mi vida", mientas que alguien que expresa autodesprecio y odio hacia sí mismo diría "me odio a mí mismo" o "soy inútil".

La primera hipótesis es que la sensación de pertenencia frustrada o carga percibida de manera individual son causas suficientes y proximales de ideación suicida pasiva: "desearía estar muerto". La segunda hipótesis postula que la forma más riesgosa de ideación suicida está causada por la presencia simultánea y crónica de pertenencias frustradas y carga percibida. Cuando el sujeto es incapaz de afrontar y resolver, la desesperanza favorece el desarrollo de un deseo activo de suicidarse: "quisiera matarme".

Los sujetos que están expuestos a estímulos aversivos y dolorosos de manera recurrente tienden a generar una disminución del miedo a la muerte, lo cual, aunado al deseo de acabar con su vida, puede escalar a un intento de suicidio (tercera hipótesis). Suicidarse no es algo fácil, ya que implica tomar acciones atemorizantes y dolorosas, y los seres humanos están biológicamente predispuestos a preservar su vida y a evitar el sufrimiento; sin embargo, es posible que el sujeto desarrolle tolerancia al dolor por medio de la habituación, la cual le hace posible involucrarse en conductas cada vez más dañinas, practicar formas más letales de autolesionarse y, finalmente, tener la capacidad de suicidarse.

La cuarta hipótesis postula que la conducta suicida seria (intentos letales o casi letales) ocurre en el contexto de tentativa de suicidio (que resulta de la sensación de pertenencia frustrada, sensación de ser una carga y desesperanza respecto a ambas), disminución de miedo y una elevada tolerancia al dolor físico.

Dentro del mismo marco conceptual, el modelo integrado motivacional-volitivo de la conducta suicida (O'Connor, 2011) conceptualiza el suicidio y las autolesiones como conductas únicas que no son productos o síntomas de otros trastornos mentales, y pone especial énfasis en los factores que hacen que el sujeto que tiene motivos para suicidarse comience a desarrollar un plan de acción; este tiene tres fases: la premotivacional, la motivacional y la volitiva.

La fase premotivacional describe las condiciones asociadas a la vulnerabilidad biológica y cognitiva del organismo que, cuando es sometido a estrés, aportan el contexto biopsicosocial para que la ideación e intento tengan lugar. Un factor proximal al intento de suicidio es la sensación de reclusión, derivada del sentimiento de humillación y derrota, que hace parecer el suicidio como la solución a las circunstancias de la vida; juntos constituyen la segunda fase: la motivacional. Los factores moderadores como la impulsividad, la planeación, el acceso a los medios para el intento y la imitación conducen a la fase volitiva, en la cual el sujeto implementa la ideación y la planeación.

Finalmente, la teoría de los tres pasos del suicidio plantea tres principios: *a)* la ideación se desarrolla debido a la combinación de dolor y desesperanza, *b)* la conectividad (esto es, el apego a personas, a un trabajo o cualquier sensación de propósito y significado que mantenga a la persona interesada en vivir) es un factor protector clave contra el escalamiento en la ideación de quienes padecen dolor y desesperanza severa, y *c)* la progresión desde la ideación hasta los intentos ocurre cuando los factores disposicionales, adquiridos e instrumentales crean una capacidad suficientemente alta para afrontar el dolor inherente al intento de acabar con la propia vida. La interacción entre el dolor y la desesperanza predice el comienzo de la ideación, mientras que la falta de conexión es un anuncio del empeoramiento de la ideación, y los contribuidores disposicionales, adquiridos y prácticos, predicen la transición hacia el intento de suicidio (Klonsky y May, 2015).

Congruente con las observaciones anteriores, Hatkevich *et al.* (2019) plantean que las deficiencias en la habilidad de los jóvenes para inferir estados mentales, emociones e intenciones son factores que contribuyen a los problemas interpersonales, tan evidentes en los que piensan e intentan quitarse la vida.

En particular, asumir intenciones malévolas en otros, percibirse como una carga, ser más sensibles a las señales sociales o interpretarlas como signos de rechazo, contribuyen a establecer relaciones inestables, poco significativas o caóticas relacionadas con la ideación suicida.

Autolesiones no suicidas

Otro comportamiento peligroso son las autolesiones no suicidas (ALNS). La Sociedad Internacional para el Estudio de las Autolesiones (International Society for the Study of Self Injury, 2018) las define como "el daño autoinfligido y deliberado del tejido corporal sin la intención de suicidio y para propósitos no aceptados cultural o socialmente". Marín (2013) llevó a cabo un estudio con 455 estudiantes de entre 12 y 16 años de edad en una escuela secundaria de la Ciudad de México; encontró que 46.2% de ellos se había autolesionado alguna vez en su vida, y que 72.12% de los participantes comenzó a autolesionarse entre los 11 y 13 años, siendo las cortadas y los rasguños los métodos más usados. Los mejores predictores de autolesiones en varones fueron las experiencias disociativas y la depresión, mientras que en las mujeres fueron la depresión seguida de la desregulación emocional.

Las ALNS por lo general se confunden con los intentos de suicidio incluso en el contexto clínico, lo cual puede llevar al tratamiento inadecuado del paciente. Las diferencias entre las ALNS y un intento de suicidio son, sobre todo, cualitativas. El principal criterio que distingue a las ALNS del suicidio es la ausencia de intención de provocar la muerte: las personas que se lesionan reportan que no es su intención acabar con su vida, sino que las utilizan como un medio para manejar los estados afectivos aversivos, escapar de la angustia transformándola en dolor físico, o reducir el miedo y la tensión. Otras características distintivas de las ALNS son que *a)* el daño físico es intencional y esperado, por lo cual los comportamientos de riesgo que pueden causar lesiones (como manejar sin precaución, tener conductas sexuales de riesgo o practicar deportes extremos) no se clasifican como lesiones autocausadas; *b)* las ALNS resultan en daño físico inmediato y, consecuentemente, se excluyen conductas como la privación de alimentos o el uso de drogas, cuyas lesiones en el organismo se manifiestan en el mediano plazo, y *c)* las ALNS no son culturalmente aceptadas, por lo cual las modificaciones y perforaciones corporales o los tatuajes tampoco se consideran autolesiones. Finalmente, las ALNS son más comunes, crónicas y tienen una menor tasa de mortalidad comparadas con el intento de suicidio. Mientras que el suicidio incluye métodos como el envenenamiento, asfixia o uso de armas de fuego, las ALNS involucran cortes, rasguños, golpes o quemaduras (Halicka y Kiejna, 2018; International Society for the Study of Self Injury, 2018).

además de inducir un estado contrario a estas. Se piensa que esto incrementa la capacidad para suicidarse al hacer a los sujetos más tolerantes al dolor físico de las conductas suicidas. Las autolesiones no suicidas, por lo tanto, pueden ser conceptualizadas como uno de los factores de alto riesgo para desarrollar la capacidad para suicidarse.

Modelos de trabajo individual: psicoterapia cognitivo conductual

La terapia cognitivo conductual para adolescentes suicidas es similar a la de adultos; ambas identifican distorsiones cognitivas, así como deficiencias en el estilo de atribución y en habilidades de solución de problemas. Sin embargo, a lo largo del proceso hay que tener en cuenta los diferenciadores. Uno de ellos, por ejemplo, es que los miembros de la familia desempeñan un papel más relevante en el tratamiento del adolescente que en el del adulto. En las siguientes secciones se revisará la adaptación del protocolo de terapia cognitiva para el tratamiento de adolescentes suicidas, propuesto por Wenzel, Brown y Beck (2009), el cual se organiza en tres fases: temprana, intermedia y posterior.

Fase temprana del tratamiento

Cuando se trabaja con jóvenes suicidas, se debe contemplar y adecuar la intervención en los siguientes términos: *a)* abordar la confidencialidad, *b)* involucrar al paciente en el tratamiento, *c)* descubrir cuáles son las fortalezas con las que cuenta, *d)* incluir a los miembros de la familia, y *e)* desarrollar un plan de seguridad.

Abordar la confidencialidad

Una buena parte de los jóvenes, sobre todo los adolescentes, son referidos o llevados a consulta por sus padres o tutores, por lo cual es importante que el terapeuta dedique un momento al inicio del tratamiento para hablar de la confidencialidad con el paciente. Esto propicia que el paciente perciba que su terapeuta es confiable y que mantendrá en privado lo que discuta con él; sin embargo, al igual que con los adultos, cuando el paciente se ponga en riesgo a sí mismo o a otros, esta confidencialidad podrá romperse.

Involucrar al paciente en el tratamiento

A menudo cuando el paciente joven percibe que el tratamiento es prescrito por orden de los padres, pierde interés en este y es probable que lo abandone. La construcción de *rapport* durante las primeras sesiones es esencial para involucrar al paciente en la terapia y prevenir el abandono temprano; esto deberá lograrse antes de pedir al paciente los detalles de la crisis suicida, pues el joven puede resistirse a contar detalles íntimos a menos que se haya establecido una relación de confianza con su terapeuta.

Descubrir cuáles son las fortalezas con las que cuenta

Esto implica cambiar el enfoque del paciente, de sus problemas hacia sus fortalezas y los rasgos positivos de su personalidad, como la gratitud, la esperanza, la apreciación de la belleza, la espiritualidad y el humor, entre otros.

Con los datos obtenidos del paciente y de sus familiares, así como con la descripción de la secuencia de eventos que ocurrieron antes de la crisis suicida, se elabora una conceptualización cognitiva del caso. Es importante que el terapeuta sea cuidadoso y sistemático para identificar los factores precipitantes internos y situacionales del paciente, de manera que este pueda identificarlos en el futuro.

En el caso del paciente joven, los eventos precipitantes más comunes suelen ser los conflictos con los padres y las rupturas amorosas, además de los que ya se han discutido previamente. El paciente puede mostrarse reacio a contestar muchas preguntas sobre los eventos que le son difíciles de manejar, así que el terapeuta debe explicar la razón y utilidad de este ejercicio dentro de la terapia y mostrarse empático mientras se le describen los eventos dolorosos.

Incluir a los miembros de la familia

Los familiares pueden proveer ayuda, recursos y soporte emocional para que el paciente continúe en terapia, además de que aportan información complementaria para la conceptualización del caso y facilitan la implementación del plan de seguridad al retirar los medios letales y monitorear los incrementos en la ideación suicida. Para los familiares se recomiendan sesiones por separado, ya que algunos podrían manifestar enojo hacia el paciente o reprochar sus acciones. Si algún familiar reporta algún trastorno mental o uso de sustancias significativo, deberá ser referido a otro proveedor de tratamiento.

Desarrollar un plan de seguridad

Este plan incluye una lista de señales de alarma, estrategias de autoayuda e información para contactar a los miembros de la familia, así como servicios de salud mental y de emergencia. Dado que las crisis suicidas ocurren en periodos de tiempo limitados, es importante dotar al paciente de estrategias que le permitan afrontarlas y disminuirlas. A diferencia de un contrato de no suicidio, el plan de seguridad provee información acerca de cómo actuar en caso de que el paciente tenga una crisis.

De acuerdo a Stanley y Brown (2012), el plan de seguridad es una estrategia que muestra cómo prevenir un futuro intento de suicidio e identifica las habilidades para afrontar y buscar ayuda durante una crisis. Sus componentes son los siguientes:

1. Estrategias de afrontamiento interno. El paciente identifica qué puede hacer sin asistencia alguna en caso de una crisis; son las estrategias de mayor prioridad, ya que favorecen la sensación de autoeficacia del paciente, lo hacen sentirse menos vulnerable, lo ayudan a apartar los pensamientos suicidas y evitan que estos escalen; entre ellas se encuentran salir a caminar, escuchar música relajante, tomar un baño o jugar con una mascota.
2. Estrategias de socialización para distracción y apoyo. Si las estrategias de afrontamiento internas no son suficientes, el paciente puede recurrir a dos tipos de estrategias: socializar con otras personas en su ambiente natural o visitar entornos sociales saludables. Aquí el paciente debe identificar a individuos, amigos o familiares, así como entornos donde la socialización ocurra naturalmente. Esta estrategia tiene como fin involucrar al paciente en una actividad que lo distraiga de sus problemas y de las ideas suicidas.
3. Contactos que puedan ayudar a resolver la crisis suicida. Si las dos estrategias previas no ayudan a aliviar la crisis, el paciente puede elegir informar a sus familiares o amigos que está experimentando una crisis suicida. Este paso se distingue de los previos en que el paciente explícitamente revela a otros que está en una crisis y que necesita apoyo y asistencia para hacerle frente.
4. Contactos de agencias y profesionales que ayuden a resolver la crisis suicida. El paciente debe tener a la mano una lista de profesionales o instituciones que puedan brindarle ayuda durante la crisis, incluso en horas no laborales. El nombre del terapeuta y su número de contacto deben ser incluidos como prioridad. Si el paciente está actualmente bajo tratamiento farmacológico, el número del médico debe incluirse.

Cuadro 1. Plan de seguridad*

Paso 1. Signos de alarma:
1. Pensamientos suicidas y sentimientos de inutilidad y desesperanza
2. Necesidad urgente de beber
3. Discusión fuerte con la novia

Paso 2. Estrategias de afrontamiento internas. Cosas que puedo hacer para distraerme sin necesidad de contactar a otra persona:
1. Tocar la guitarra
2. Ver deportes en la televisión
3. Practicar ejercicio

Paso 3. Situaciones sociales y personas que pueden distraerme:
1. Reunión en grupo de autoayuda
2. José Hernández (primo)
3. Asistir a la cafetería

Paso 4. Personas a quienes puedo pedir ayuda:

Nombre: Mamá	Teléfono: 555-551
Nombre:	Teléfono:

Paso 5. Profesionales o agencias que puedo contactar durante una crisis:

Nombre del terapeuta:	Dr. López
Teléfono:	555-552
Teléfono de emergencias:	555-553
Nombre del terapeuta:	Teléfono:
Teléfono de emergencias:	
Urgencias del hospital local:	Hospital General La Villa
Dirección:	Calzada San Juan de Aragón 285
Teléfono:	55 55578867
Línea telefónica de prevención del suicidio:	55 52598121

Un ambiente más seguro:
1. Mantener solo una pequeña cantidad de pastillas en casa
2. No guardar alcohol en casa
3.

* Ejemplo de un plan de seguridad. Adaptado de Stanley y Brown (2012).

5. Restricción de medios. El riesgo de suicidio es mayor cuando el paciente reporta un plan específico y los medios materiales para llevarlo a cabo. Incluso si no hay un plan específico, un elemento clave del plan de seguridad involucra eliminar o limitar el acceso a cualquier medio potencialmente letal en su ambiente.

Los familiares pueden tener una copia del plan de seguridad o elaborar uno a conveniencia que sirva de recordatorio de sus responsabilidades respecto a los siguientes puntos: *a)* estrategias para hablar con el adolescente del suicidio; *b)* plan para mantener monitoreado al paciente y no descuidarlo, y *c)* circunstancias en las que se deberá contactar a los servicios de salud mental o de emergencias. Aunque el paciente manifieste interés en platicar su ideación suicida con sus pares, debe ser animado a que lo haga con un adulto responsable. El plan de seguridad debe elaborarse de manera conjunta con el paciente. Las estrategias de afrontamiento, los apoyos externos y los factores precipitantes de la crisis deben ser generados por ambos, y el paciente se encargará de ponerlo en palabras en un documento escrito, como se muestra en el cuadro 1.

Desarrollar una conceptualización cognitiva del caso

Como ya se ha mencionado, la conducta suicida en jóvenes se relaciona con otros trastornos psiquiátricos del Eje I, y es probable que sus esquemas relevantes para el suicidio se activen en pacientes suicidas. Los esquemas diferentes a la desesperanza, como la percepción de no poder soportar los estados afectivos negativos, pueden activarse en adolescentes durante los periodos de angustia. Cuando un esquema se activa, el adolescente cae en una espiral de desesperanza y fijación de la atención e ideación suicida; además se sabe que el adolescente es especialmente vulnerable a fijar su atención en un pensamiento y que tiene más dificultad que un adulto para salir de ahí.

Establecer objetivos de tratamiento

El plan de tratamiento que se deriva de la conceptualización del caso para adolescentes debe poner énfasis en componentes conductuales, ya que muchos pacientes jóvenes no han alcanzado un desarrollo cognitivo que les permita un nivel adecuado de *insight* en la relación entre la cognición y los actos suicidas; también debe atender el componente de las relaciones familiares, ya que no se puede separar el mundo del adolescente del ambiente familiar en el cual vive.

Fase intermedia del tratamiento

Dadas las características de los pacientes jóvenes, el tratamiento cognitivo conductual emplea las siguientes estrategias, que son especialmente útiles cuando se trabaja con esta población: *a)* desarrollar estrategias de afrontamiento, *b)* incrementar las razones para vivir, *c)* mejorar las relaciones familiares y *d)* inhibir las conductas autolesivas no suicidas.

Desarrollar estrategias de afrontamiento

Los pacientes jóvenes se benefician de las habilidades de afrontamiento conductuales y afectivas, particularmente al inicio del tratamiento, cuando la relación terapéutica se está construyendo. Por ejemplo, muchos adolescentes con tendencias suicidas responden a las intervenciones que los involucran en actividades placenteras. La familia puede participar activamente en estas estrategias o proveerá los medios para que el adolescente lo haga con sus pares.

Una estrategia de afrontamiento afectivo está diseñada para ayudar a mantener el control emocional, de manera que otras habilidades cognitivas y conductuales se puedan usar durante una crisis. Muchos de los pacientes jóvenes reportan que sus emociones parecen escalar y salirse de control antes de la crisis suicida, o bien, son inconscientes de los sentimientos de tristeza o enojo que precipitan el acto suicida. Una estrategia sencilla para incrementar la conciencia del estado de las propias emociones es la del Termómetro de sensaciones o emociones (Rotheram-Borus *et al.*, 1994); este consiste en una escala análoga visual con forma de termómetro graduado de 0 a 100, que ayuda a representar de manera sencilla cómo las reacciones emocionales se alejan de las sensaciones de confort o tranquilidad (figura 3). Enfatiza la idea de que la temperatura de las emociones es similar a la temperatura del ambiente o del cuerpo, y la tarea consiste en identificar el "punto de ebullición" emocional o "punto sin retorno", el cual está caracterizado por síntomas fisiológicos, pensamientos o conductas indicadoras.

Con ayuda del terapeuta, el paciente identifica en cada punto de la escala cuándo debe comenzar a tomar acciones encaminadas a evitar el punto de ebullición; por ejemplo, inspirar profundo o tomar un tiempo fuera.

Muy molesto

100° — Pelear con mis padres debido a mi novio

50° — Reprobar un examen

0° — Escuchar música

Muy calmado

Figura 3. Ejemplo del Termómetro de las emociones.
Adaptado de Rotheram-Borus *et al.* (1994).

Incrementar las razones para vivir

Sirve para identificar las razones para seguir viviendo y usarlas para refutar las ideas de desesperanza. El "kit de esperanza" consiste en una colección de elementos significativos para los pacientes; prepararlo les ayudará a recordar sus razones para vivir. En el caso de los adolescentes, pueden elaborar materiales apropiados a su edad, por ejemplo, *collages* o libros de recortes en los cuales incluyan fotos de amigos o familiares, mensajes instantáneos, correos electrónicos o notas de amigos. Se recomienda almacenar estos productos en soportes que tengan a la mano (el móvil, por ejemplo) para revisarlos durante una crisis emocional.

Mejorar las relaciones familiares

Mientras que la estrategia de tratamiento para adultos se enfoca en ayudar a los pacientes a mejorar sus redes sociales de apoyo, el tratamiento para jóvenes con tendencias suicidas se centra en mejorar el funcionamiento familiar. Los principales objetivos de tratamiento son *a)* mejorar la comunicación familiar, *b)* mejorar la habilidad de resolución de problemas de la familia, *c)* gestionar la conducta oposicional o poco cooperativa del paciente y *d)* incrementar el involucramiento y compromiso de la familia. Trabajar sobre dichos objetivos servirá para atenuar los factores de riesgo de futuros actos suicidas (el conflicto familiar, por ejemplo), incrementar el apoyo familiar percibido por parte del adolescente y reforzar las estrategias planteadas en el tratamiento, al tener miembros de la familia que podrían funcionar como modelos o mentores para el paciente.

Inhibir las conductas autolesivas no suicidas

Como se señaló antes, las ALNS están relacionadas con la conducta suicida y pueden convertirse en un factor de riesgo (Victor y Klonsky, 2014; Whitlock *et al.*, 2013). De acuerdo con Joiner (2005), la disminución del miedo a la muerte y la habituación al dolor son condiciones que pueden desarrollarse mediante las ALNS, lo que a su vez resulta en un mayor riesgo de suicidio. Es recomendable emplear aproximaciones cognitivas conductuales para tratar las ALNS, por ejemplo, las propuestas por Miller, Rathus y Linehan (2007) y Marín (2013).

Fase posterior del tratamiento

La fase posterior del tratamiento consiste en cuatro componentes principales: *a)* consolidación de habilidades, *b)* protocolo de prevención de recaídas, *c)* revisión del progreso hacia las metas del tratamiento y *d)* preparación para la terminación del tratamiento. Respecto a la prevención de recaídas, es importante considerar que los adolescentes pueden ser más reacios que los adultos a usar la imaginería guiada; por eso se recomienda explicarles la base lógica del protocolo de prevención de recaídas durante las fases más tempranas del tratamiento: este consiste en revivir una crisis suicida mediante la imaginación, para así tener la oportunidad de evaluar si las habilidades de afrontamiento aprendidas durante el tratamiento pueden ser retomadas e implementadas.

La terminación del tratamiento o cambio de una fase de seguimiento debe considerar lo siguiente: *a)* revisar el progreso hacia las metas del tratamiento, incluyendo la ocurrencia de intentos de suicidio adicionales o autolesiones no suicidas; *b)* revisar las estrategias de afrontamiento específicas que fueron adquiridas durante el tratamiento; *c)* determinar las estrategias que han sido de mayor ayuda y aquellas que sería más probable que el paciente usara durante una crisis suicida; *d)* discutir el plan de tratamiento, la frecuencia de las sesiones y las posibles derivaciones posteriores para tratamiento de problemas específicos, y *e)* identificar los obstáculos para concluir esa fase del tratamiento.

Finalmente, se revisa el plan de seguridad y el terapeuta anima al paciente a comprometerse a usarlo si llegara a presentar otra crisis suicida.

Modelos desde el trabajo familiar

La familia es el medio social del que surge la persona, es la primera fuente de sus relaciones duraderas y significativas, y su primer sustento económico. A menudo la familia es el medio del que más recursos se obtienen para producir cambios y estos tienen un efecto muy importante en los jóvenes, quienes son sumamente vulnerables a este entorno. Las intervenciones que incluyen a la familia como objetivo del tratamiento son muy prometedoras, ya que se sabe que la calidad del vínculo entre los hijos y sus padres es un factor que modula la conducta suicida de los jóvenes (Beltrán, 2005). Los antecedentes de violencia y desestructuración familiar se han relacionado directamente con un mayor riesgo de suicidio, mientras que promover la cohesión mejorando las actitudes parentales positivas y las habilidades de afrontamiento de la familia puede ser útil para prevenir intentos de suicidio (Beltrán, 2005; Brent *et al.*, 2009; Siabato y Salamanca, 2015).

Las intervenciones basadas en el fortalecimiento del apego del joven y sus padres (Diamond y Levy, 2014; Ibrahim *et al.*, 2017), así como la terapia breve y de emergencia (Slive y Bobele, 2013; Eguiluz *et al.*, 2017) son algunos de los modelos de trabajo empleado con jóvenes; sin embargo, su revisión rebasa los objetivos del presente capítulo, por lo cual serán descritos a detalle en el siguiente.

Caso clínico

Beatriz es una joven de 21 años de edad. Creció en una familia de escasos recursos. Tiene una hermana mayor que se mudó hace dos años. Actualmente Beatriz vive con su madre y su padre, con quienes dice tener una relación hostil y distante. Comenta que ha tenido muchas dificultades académicas y no está segura de poder continuar sus estudios, además de sentirse incómoda en las clases, pues piensa que sus compañeros la excluyen del grupo y la critican por su apariencia y su forma de vestir. Tiene una amiga cercana con quien estudiaba en la escuela preparatoria y con quien mantiene contacto frecuente a través de redes sociales. Desde que estaba en primaria ha experimentado tristeza constante y baja autoestima. En secundaria, en ocasiones, cuando estaba muy enojada o "ya no se soportaba ni a ella misma", se cortaba superficialmente la piel de las piernas y el abdomen, y desde entonces ha tenido deseos de morir.

Intervención

La paciente solicita atención en la clínica universitaria al siguiente día de su crisis. Refiere que ha decidido buscar ayuda porque en las dos semanas previas se han exacerbado sus pensamientos de autodesprecio, el ausentismo escolar y las discusiones con sus papás. Cree que nunca podrá ser feliz como las demás personas, por lo cual ha llegado a pensar que lo mejor sería morir; sin embargo, en momentos de lucidez tiene miedo de perder el control y provocarse la muerte. La paciente fue evaluada por un psicoterapeuta y referida a atención clínica, la cual inició dos semanas más tarde. Las sesiones psicoterapéuticas ocurrieron una vez a la semana con una duración de 55 minutos.

Se aplicó la Entrevista Neuropsiquiátrica Internacional (MINI), por sus siglas en inglés) (Ferrando *et al.*, 1998) para explorar los trastornos del Eje I, el Inventario de depresión de Beck (Beck *et al.*, 2006) y la Escala de ideación suicida (Beck *et al.*, 1979). En la primera semana se elaboró un plan de seguridad (Stanley y Brown, 2012) y en la tercera se consiguió involucrar a la madre, a quien se instruyó acerca de cómo actuar ante una posible crisis de su hija, según el plan de seguridad. La estructura del resto de las sesiones se adecuó, según el avance de la paciente, al protocolo de Wenzel *et al.* (2009). Aquí se muestra una parte de la intervención, dirigida a identificar y manejar las situaciones que precipitaban la ideación suicida, así como un fragmento del diálogo entre el terapeuta *T* y la paciente *P*, donde elaboran la técnica del Termómetro de las emociones.

T: De acuerdo, ¿quisieras platicarme lo más detallado que puedas qué fue lo que sucedió ese día?

P: Sí, en la mañana peleé con mi mamá porque me quedé dormida. Me echó en cara todos los esfuerzos que hace la familia para que yo vaya a la universidad y que yo no lo aprovecho; luego en la escuela nos calificaron bajo un trabajo por un error que yo tuve en una actividad y mis compañeros se enojaron conmigo; desde ese momento comencé a sentirme rara…

T: ¿Recuerdas si sentías algo en tu cuerpo o si pensabas algo en concreto?

P: No mucho, solo recuerdo que me dolía la cabeza y sentía como si algo me apretara el pecho, y pensé "no encajo en ninguna parte, no hago nada bien". No sabía cómo sentirme; avergonzada y enojada conmigo misma, tal vez.

T: De acuerdo, no te preocupes, continúa.

P: Llegué a casa e intenté hacer tarea pero no entendía nada de lo que leía y me quedé dormida, así que no hice tarea ni lavé los trastes que me encargaron. Llegó mi mamá y de nuevo peleamos. Me dijo que no se podía confiar en mí y que era irresponsable. Comencé a llorar y me encerré en mi recámara; pensé en hablar con mi amiga, pero no quiero molestarla con mis problemas. Sentí mucho enojo por no poder hacer nada bien, como siempre, como todos los días; ya no aguanto estar diario triste o enojada, no hay un momento en que me pueda sentir tranquila, y pensé que si no hay nadie a quien le importe lo mejor sería matarme; a lo mejor hasta le hago un favor a mis papás y ya no tienen que trabajar tanto.

T: ¿Has pensado cómo lo llevarías a cabo? ¿Qué pasó después?

P: Desde la secundaria me corto. Tal vez podría hacerlo en las muñecas, solo que me da miedo. O tal vez con pastillas, no sé. Ese día solo aventé y rompí cosas que tenía a la mano, luego me acosté y me mordí muy fuerte los nudillos; eso es todo lo que recuerdo. Al otro día amanecí con un dolor de cabeza terrible y con los nudillos lastimados.

En sesiones posteriores se estableció que la paciente tenía dificultades para identificar las emociones y los eventos que precipitaban en ella las ideas de autodesprecio, culpa y desesperanza que, a su vez, daban pie a la ideación suicida. La paciente tenía la creencia central de ser incompetente y poco valiosa. Sus padres eran más bien rígidos y autoritarios; tendían a valorar mucho la disciplina y a castigar exageradamente lo que ellos calificaban inconsistentemente como fallas, por lo que la paciente en un punto de la entrevista expresó: "Un siete de calificación es mediocre. Si lo intento, lo tengo que hacer bien; si no, mejor no lo hago"; "yo sé que no nos llevamos bien (con sus padres) porque no hago lo que me piden; y si lo hago, lo hago mal". Las ocasiones en las que llegaba a tener ideación suicida se acotaban a situaciones de reprimendas de los padres, *bullying* de parte de sus compañeros y dos ocasiones en las que se sintió rechazada por los chicos;

en cada una de esas ocasiones recuerda tener pensamientos recurrentes y constantes como "seguro que todo ha sido mi culpa", "hay algo mal en mí y por eso alejo a la gente", lo cual le causaba profunda tristeza y enojo consigo misma.

Se le explicó a la paciente la técnica del Termómetro de las emociones y sus objetivos, y se elaboró en conjunto en una sesión (figura 4). Se le pidió identificar primero situaciones en las cuales estuviera tranquila y en las que pudiera manejar las emociones asociadas, así como los pensamientos que le venían a la mente.

T: ¿Qué pondrías en cero? Piensa en algo que te mantenga tranquila y que no te cause emociones desagradables.

P: En cero pondría jugar con mi mascota o ver las flores de las macetas de mi mamá. Eso me hace sentir relajada y, de hecho, mi mente se calma y no le da tantas vueltas a los problemas.

T: Perfecto, escríbelo en tu dibujo del termómetro. Piensa qué pondrías en los siguientes cinco espacios. Piensa en situaciones que te molesten o hagan sentir triste, pero en las que aún te sientes en control.

A continuación la paciente citó algunas situaciones relacionadas con el distanciamiento de su círculo social y la sobrecarga de trabajo, que en general le hacían pensar que algo malo podría suceder, como que el vínculo afectivo se debilitara, o bien, que tal vez no podría terminar su trabajo. Asociaba estas situaciones con sensaciones de tristeza y ansiedad, que finalmente resolvía contactando con esas personas u organizando su trabajo y programándose horarios. A veces también caminaba por un parque cercano y se distraía de sus pensamientos.

T: Muy bien, ahora piensa en aquellas situaciones que te provocan emociones y pensamientos negativos y que hacen que comiences a perder el control. ¿Identificas en qué punto ya no puedes controlarte?

En este punto la paciente mencionó situaciones que activaban cogniciones de tipo "no sirvo para nada", "no le gusto a nadie" o "nadie siente aprecio por mí", que le hacían sentir tristeza, enojo y que sus esfuerzos eran en vano; además reportaba una sensación de opresión en el pecho y abdomen, puños apretados y sensación de que su mente se nublaba y no podía comprender lo que estaba pasando. Señaló el punto 80 como el de "ebullición o no retorno", poniendo como ejemplo "que mi mamá me regañe y que diga que soy una inútil" (indicado con una flecha en el la figura 4). El trabajo terapéutico de las sesiones posteriores se enfocó en la reestructuración cognitiva y habilidades de afrontamiento.

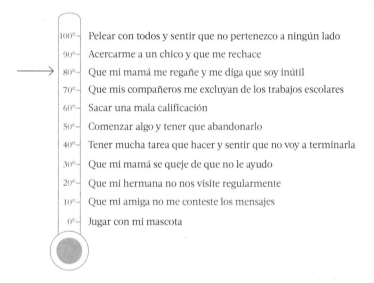

Figura 4. "Termómetro de las emociones"
de la paciente Beatriz.

Referencias

Akca, S. O., Yuncu, O. y Aydin, Z. (2018). Mental Status and Suicide Probability of Young People: A Cross-Sectional Study. En *Revista da Associação Médica Brasileira, 64*(1), 32-40.

American Psychiatric Association (2013). DSM-5 *Diagnostic and Statistical Manual of Mental Disorders* (5ed.). Arlington: American Psychiatric Association Publishing.

Arnett, J. J. (2000). Emerging Adulthood: A Theory of Development from the Late Teens Through the Twenties. *American Psychologist, 55*(5), 469-480.

Arnett, J. J., Kloep, M., Hendry, L. B. y Tanner, J. L. (2011). Presenting "Emerging Adulthood": What Makes it Developmentally Distinctive? En *Debating Emerging Adulthood: Stage or Process?* (pág. 13–30). Nueva York: Oxford University Press.

Beck, A., Kovacks, M. y Weissman, A. (1979). Escala de ideación suicida. En M. I. Comeche, M. I. Díaz y M. A. Vallejo (Eds.), *Cuestionarios, inventarios y escalas. Ansiedad, depresión y habilidades sociales*. Madrid: Fundación Universidad-Empresa.

Beck, A. T., Steer, R. A. y Brown, G. K. (2006). *Inventario de depresión de Beck*, Buenos Aires: Paidós.

Beltrán Baquerizo, G. E. (2005). Adolescentes suicidas: un abordaje desde la terapia familiar sistémica. *Revista de la Universidad del Azuay, 35*, 213-236.

Bentley, K. H., Nock, M. K. y Barlow, D. H. (2014). The Four-Function Model of Nonsuicidal Self-Injury. *Clinical Psychological Science, 2*(5), 638-656.

Bentley, K. H., Franklin, J. C., Ribeiro, J. D., Kleiman, E. M., Fox, K. R. y Nock, M. K. (2016). Anxiety and its Disorders as Risk Factors for Suicidal Thoughts and Behaviors: A Meta-Analytic Review. En *Clinical Psychology Review, 43*, 30-46.

Blosnich, J. R., Lytle, M. C., Coulter, R. W. S. y Whitfield, D. L. (2018). Suicide Acceptability and Sexual Orientation: Results from the General Social Survey 2008-2014. En *Archives of Suicide Research, 22*(4), 542-554.

Borges, G., Benjet, C., & Medina-Mora, M. E. (2010). Suicidio y conductas suicidas en México: Retrospectiva y situación actual. En *Salud Pública de México, 5*(24), 292-304.

Borges, G., Benjet, C., Orozco, R. y Medina-Mora, M. E. (2016). The Growth of Suicide Ideation, Plan and Attempt among Young Adults in the Mexico City Metropolitan Area. En *Epidemiology and Psychiatric Sciences, 26*(6), 635–643.

Borges, G., Orozco, R., Villatoro, J., Medina-Mora, M. E., Fleiz, C. y Díaz-Salazar, J. (2018). Suicide Ideation and Behavior in Mexico: Encodat 2016. *Salud Pública de México, 61*(1), 6–15.

Brent, D. A., Greenhill, L. L., Compton, S., Emslie, G., Wells, K., Walkup, J. T., Vitiello, B., Bukstein, O., Stanley, B., Posner, K., Kennard, B. D., Cwik, M. F., Wagner, A., Coffey, B., March, J. S., Riddle, M., Goldstein, T., Curry, J., Barnett, S., . . . Turner, J. B. (2009). The Treatment of Adolescent Suicide Attempters Study (TASA): Predictors of Suicidal Events in an Open Treatment Trial. *Journal of the American Academy of Child & Adolescent Psychiatry, 48*(10), 987–996.

Cavanagh, J. T. O., Carson, A. J., Sharpe, M. y Lawrie, S. M. (2003). Psychological Autopsy Studies of Suicide: A Systematic Review. *Psychological Medicine, 33*(3), 395–405.

Chesney, E., Goodwin, G. M. y Fazel, S. (2014). Risks of All-Cause and Suicide Mortality in Mental Disorders: A Meta-Review. *World Psychiatry, 13*(2), 153–160.

Clements-Nolle, K., Marx, R. y Katz, M. (2006). Attempted Suicide Among Transgender Persons. *Journal of Homosexuality, 51*(3), 53–69.

Cooper, J., Kapur, N., Webb, R., Lawlor, M., Guthrie, E., Mackway-Jones, K. y Appleby, L. (2005). Suicide After Deliberate Self-Harm: A 4-Year Cohort Study. *American Journal of Psychiatry, 162*(2), 297–303.

Davey, C. G. y McGorry, P. D. (2018). Early Intervention for Depression in Young People: A Blind Spot in Mental Health Care. *The Lancet Psychiatry, 6*(3), 267–272.

Diamond, G. M. y Levy, S. A. (2014). *Attachment-Based Family Therapy for Depressed Adolescents.* Washington, D.C.: American Psychological Association.

Eguiluz, L. L., Plasencia, V. L. y Santillán, C. (2017). Estrategias para trabajar con jóvenes que presentan ideas suicidas. *Integración Académica en Psicología, 5*(13), 95–106.

Ferrando, L., Bobes, J., Gibert, M., Soto, M., & Soto, O. (2000). MINI Entrevista Neuropsiquiátrica Internacional. https://www.fundacionforo.com/pdfs/mini.pdf

Galambos, N. L. y Martínez, M. L. (2007). Poised for Emerging Adulthood in Latin America: A Pleasure for the Privileged. *Child Development Perspectives, 1*(2), 109–114.

Gili, M., Castellví, P., Vives, M., de la Torre-Luque, A., Almenara, J., Blas-co, M. J., Cebrià, A.I., Gabilondo, A., Pérez-Ara, M. A., Miranda, M., Lagares, C., Parés-Badell, O., Piqueras, J. A., Rodríguez-Jiménez, T., Rodríguez-Marín, J., Soto-Sanz, V., Alonso, J. y Roca, M. (2019). Mental Disorders as Risk Factors for Suicidal Behavior in Young People: A Meta-Analysis and Systematic Review of Longitudinal Studies. *Journal of Affective Disorders, 245,* 152–162.

González-Forteza, C., Berenzon-Gorn, S., Tello-Granados, A. M., Facio-Florez, D. y Medina-Mora Icaza, M. E. (1998). Ideación suicida y características asociadas en mujeres adolescentes. *Salud Pública de México, 40*(5), 430-437.

Grace, T. W. (1998). Health Problems of Late Adolescence. *Primary Care: Clinics in Office Practice, 25*(1), 237-252.

Gulliver, A., Griffiths, K. M. y Christensen, H. (2010). Perceived Barriers and Facilitators to Mental Health Help-Seeking in Young People: a Systematic Review. *BMC Psychiatry, 10*(1), 113.

Halicka, J. y Kiejna, A. (2018). Non-Suicidal Self-Injury (NSSI) and Suicidal: Criteria Differentiation. *Advances in Clinical and Experimental Medicine, 27*(2), 257–261.

Hamza, C. A. y Willoughby, T. (2016). Nonsuicidal Self-Injury and Suicidal Risk among Emerging Adults. *Journal of Adolescent Health, 59*(4), 411-415.

Hasking, P., Boyes, M. E., Finlay-Jones, A., McEvoy, P. M. y Rees, C. S. (2018). Common Pathways to NSSI and Suicide Ideation: The Roles of Rumination and Self-Compassion. *Archives of Suicide Research, 23*(2), 247-260.

Hatkevich, C., Venta, A. y Sharp, C. (2019). Theory of Mind and Suicide Ideation and Attempt in Adolescent Inpatients. *Journal of Affective Disorders, 256,* 17–25.

Ibrahim, M., Russon, J. y Diamond, G. (2017). Attachment-Based Family Therapy for Depressed and Suicidal Adolescents: Development, Research and Clinical Practice. En Kumar, U. (Ed.). *Handbook of Suicidal Behaviour.* Singapur: Springer Nature.

INEGI, Instituto Nacional de Estadística, Geografía e Informática. (2020). Estadísticas a propósito del Día Mundial para la Prevención del Suicidio datos nacionales. http://bit.ly/3kPGjhk

International Society for the Study of Self Injury. (2018). What is Self-Injury? https://www.itriples.org/what-is-nssi

Johns, M. M., Lowry, R., Haderxhanaj, L. T., Rasberry, C. N., Robin, L., Scales, L., Stone, D. y Suarez, N. A. (2020). Trends in Violence Victimization and Suicide Risk by Sexual Identity among High School Students. Youth Risk Behavior Survey, United States, 2015–2019. En *MMWR. Supplements, 69*(1), 19-27.

Joiner, T. (2005). *Why People Die by Suicide*. Cambridge: Harvard University Press.

Joiner, T. E., Van Orden, K. A., Witte, T. K. y Rudd, M. D. (2009). *The Interpersonal Theory of Suicide: Guidance for Working with Suicidal Clients* (Illustrated ed.). Washington: American Psychological Association.

Joiner, T. E., Ribeiro, J. D. y Silva, C. (2012). Nonsuicidal Self-Injury, Suicidal Behavior, and their Co-occurrence as Viewed Through the Lens of the Interpersonal Theory of Suicide. *Current Directions in Psychological Science, 21*(5), 342-347.

Kessler, R. C., Borges, G. y Walters, E. E. (1999). Prevalence of and Risk Factors for Lifetime Suicide Attempts in the National Comorbidity Survey. *Archives of General Psychiatry, 56*(7), 617-626.

Klonsky, E. D. y May, A. M. (2015). The Three-Step Theory (3ST): A New Theory of Suicide Rooted in the "Ideation-to-Action" Framework. *International Journal of Cognitive Therapy, 8*(2), 114-129.

Kokkevi, A., Rotsika, V., Arapaki, A. y Richardson, C. (2011). Adolescents' Self-Reported Suicide Attempts, Self-Harm Thoughts and their Correlates across 17 European Countries. *Journal of Child Psychology and Psychiatry, 53*(4), 381-389.

Li, N., Zhang, J., Wang, H. y Yang, F. (2020). Comparing Suicide Attempters with and without Mental Disorders: A Study of Young Adults in Rural China. *Community Mental Health Journal, 56*(7), 1372-1379.

Lloyd-Richardson, E. E., Perrine, N., Dierker, L. y Kelley, M. L. (2007). Characteristics and Functions of Non-Suicidal Self-Injury in a Community Sample of Adolescents. *Psychological Medicine, 37*(8), 1183-1192.

Marín T. I. (2013). *Desarrollo y evaluación de una terapia cognitivo conductual para adolescentes que se autolesionan* [Tesis de doctorado]. Ciudad de México: UNAM.

May, A. M. y Klonsky, E. D. (2016). What Distinguishes Suicide Attempters from Suicide Ideators? A Meta-Analysis of Potential Factors. *Clinical Psychology: Science and Practice, 23*(1), 5-20.

Michelmore, L. y Hindley, P. (2012). Help-Seeking for Suicidal Thoughts and Self-Harm in Young People: A Systematic Review. *Suicide and Life-Threatening Behavior, 42*(5), 507-524.

Miller, A. L., Rathus, J. H. y Linehan, M. M. (2007). *Dialectical Behavior Therapy with Suicidal Adolescents*. Nueva York: The Guilford Press.

Nock, M. K. (2009). Why Do People Hurt Themselves? *Current Directions in Psychological Science, 18*(2), 78-83.

Nock, M. K. (2010). Self-Injury. *Annual Review of Clinical Psychology, 6*(1), 339–363.

O'Connor, R. C. (2011). The Integrated Motivational-Volitional Model of Suicidal Behavior. *Crisis, 32*(6), 295-298.

Ortiz-Hernández, L. y García Torres, M. I. (2005). Efectos de la violencia y la discriminación en la salud mental de bisexuales, lesbianas y homosexuales de la Ciudad de México. *Cuadernos de Salud Pública, 21*(3), 913-925.

Qin, P. (2011). The Impact of Psychiatric Illness on Suicide: Differences by Diagnosis of Disorders and by Sex and Age of Subjects. *Journal of Psychiatric Research, 45*(11), 1445-1452.

Raifman, J., Charlton, B. M., Arrington-Sanders, R., Chan, P. A., Rusley, J., Mayer, K. H., Stein, M. D., Austin, S. B., & McConnell, M. (2020). Sexual Orientation and Suicide Attempt Disparities among US Adolescents: 2009-2017. *Pediatrics, 145*(3), artículo e20191658.

Rickwood, D. J., Deane, F. P. y Wilson, C. J. (2007). When and How do Young People Seek Professional Help for Mental Health Problems? *Medical Journal of Australia, 187*(S7), S35-S39.

Rotheram-Borus, M. J., Piacentini, J., Miller, S., Graae, F. y Castro-Blanco, D. (1994). Brief Cognitive-Behavioral Treatment for Adolescent Suicide Attempters and their Families. *Journal of the American Academy of Child & Adolescent Psychiatry, 33*(4), 508-517.

Siabato, M. F. y Salamanca, C. Y. (2015). Factores asociados a ideación suicida en universitarios. *Psychologia: Avances de la Disciplina, 9*(1), 71-81.

Slive, A. y Bobele, M. (2013). *Cuando solo tienes una hora*. México: Paidós.

Solomon, R. L. (1980). The Opponent-Process Theory of Acquired Motivation: The Costs of Pleasure and the Benefits of Pain. *American Psychologist, 35*(8), 691-712.

Stanley, B. y Brown, G. K. (2012). Safety Planning Intervention: A Brief Intervention to Mitigate Suicide Risk. *Cognitive and Behavioral Practice, 19*(2), 256-264.

Suokas, J. T., Suominen, K., Heilä, H., Ostamo, A., Aalto-Setälä, T., Perälä, J., Saarni, S., Lönnqvist, J. y Suvisaari, J. M. (2010). Attempted Suicide in Mental Disorders in Young Adulthood. *Social Psychiatry and Psychiatric Epidemiology, 46*(10), 965-974.

United Nations. Department of Economic and Social Affairs (2004). Youth and health issues. *World Youth Report, 2003.* Nueva York: United Nations.

Van Orden, K. A., Witte, T. K., Cukrowicz, K. C., Braithwaite, S. R., Selby, E. A. y Joiner, T. E. (2010). The Interpersonal Theory of Suicide. *Psychological Review, 117*(2), 575–600.

Victor, S. E. y Klonsky, E. D. (2014). Correlates of Suicide Attempts among Self-Injurers: A Meta-Analysis. *Clinical Psychology Review, 34*(4), 282-297.

Wenzel, A., Brown, G. K. y Beck, A. T. (2009). Cognitive Therapy for Suicidal Adolescents. En A. Wenzel, G. K. Brown y A. T. Beck (Eds.), *Cognitive Therapy for Suicidal Patients: Scientific and Clinical Applications.* Washington, D.C.: American Psychological Association.

Whitlock, J., Muehlenkamp, J., Eckenrode, J., Purington, A., Baral Abrams, G., Barreira, P. y Kress, V. (2013). Nonsuicidal Self-Injury as a Gateway to Suicide in Young Adults. *Journal of Adolescent Health, 52*(4), 486-492.

Wiebenga, J. X. M., Eikelenboom, M., Heering, H. D., van Oppen, P. y Penninx, B. W. J. H. (2020). Suicide Ideation versus Suicide Attempt: Examining Overlapping and Differential Determinants in a Large Cohort of Patients with Depression and/or Anxiety. *Australian & New Zealand Journal of Psychiatry*, DOI: 000486742095125.

Capítulo 4

El abordaje del suicidio desde una visión sistémica

Luz de Lourdes Eguiluz Romo

El ser humano, como otros mamíferos superiores, necesita pertenecer a un grupo para sobrevivir; esa asociación le permite defenderse de depredadores y protegerse de otros grupos humanos. Muchos son los estudiosos que han señalado que *el humano es un ser social,* lo que implica que requiere de otros para su sobrevivencia física y emocional (Harari, 2019). Los seres humanos aprendemos en la convivencia con los otros casi todas las funciones básicas, desde caminar, hablar de cierta forma, comer determinadas cosas y mostrar emociones, hasta interpretar el mundo y sus circunstancias (todo lo que implica una cultura).

La socióloga austriaca Riane Eisler señala en su libro *El cáliz y la espada* (1993) que cuando los niños crecen en un ambiente de dominación y no de cooperación aprenden roles de género rígidos en los que se imponen los valores tradicionales del sexo masculino sobre los del femenino. Al mismo tiempo, en el sistema económico neoliberal se premia la dominación frente a la colaboración, y la cultura e historias populares nos hacen creer que las cosas son y serán siempre iguales.

Las relaciones humanas de pareja y el sistema familiar han sido la base de nuestra existencia, pero la violencia y la dominación masculina no son parte de nuestra naturaleza. Actualmente se cuenta con evidencia que demuestra cómo, durante miles de años, la humanidad vivió sin relaciones de opresión ni entre sexos ni entre clases sociales, en las que unos cuantos acaparan el dinero y millones viven en la pobreza. Durante el periodo que Eisler (2000) ha llamado *cultura matrística,* la gente vivía en sociedades diferentes a las actuales: se asentaba en los valles cerca de los ríos, no en la cumbre; no había guerras y se propiciaba la cooperación y la colaboración.

La teoría sistémica considera que la familia es una construcción social e histórica en constante evolución, y también es el escenario de las tensiones propias de los contextos locales regionales, nacionales e internacionales.

Conceptualmente se ubica en la noción de *representaciones sociales*, las cuales "constituyen la designación de fenómenos múltiples que se observan y estudian a variados niveles de complejidad individuales y colectivos, psicológicos y sociales" (Jodelet, 1986, p.78); también es una unidad de enfoque cuyas raíces se encuentran en el concepto de *representación colectiva* de Émile Durkheim, el cual fue reelaborado por Serge Moscovici y ha tenido acogida en todas las ciencias sociales.

Así pues, se entiende que la pareja y la familia son sistemas dinámicos complejos que van modificando su estructura a lo largo del tiempo. La estructura familiar, como diría Salvador Minuchin (1983), se forma mediante múltiples interacciones entre los individuos del grupo. Hay cambios cuando nacen los hijos, cuando se incorpora la abuela que ha quedado viuda, cuando los hijos crecen y se van de casa para estudiar o se casan, cuando uno de los padres muere, o cuando la pareja se separa o uno de los integrantes vuelve a casarse; todos estos son acontecimientos que podemos considerar como crisis, porque transforman no solo la estructura sino la vida entera del grupo familiar.

Estos cambios generan crisis, pero como señala Linares (2012), algunas de esas crisis fortalecerán al sistema, y otras, si no se atienden debidamente, pueden llegar a romper la estructura familiar, separando a los miembros que conforman el sistema.

Las heridas emocionales son memorias profundas de dolor que llevan a reaccionar incluso de forma inconsciente y que afectan la vida cotidiana. Esas heridas tienen que ver con el abandono, la humillación, el rechazo o la injusticia que podamos haber vivido en la infancia. Todos estamos expuestos a este tipo de heridas, el problema es no darse cuenta de cómo nos afectan y, por lo tanto, no trabajarlas. Según datos del Instituto Nacional de Estadística y Geografía (INEGI), en México hay aproximadamente 46 millones de familias que, como hemos señalado, continúan perpetuando esos problemas, pues solo un pequeño porcentaje se implica activamente en los tratamientos de sus hijos cuando estos comienzan a presentar conductas problemáticas. Involucrar a estos grupos familiares es un reto que favorecerá el buen pronóstico.

Desafortunadamente, muchas de esas familias se encuentran en pobreza extrema, de modo que se ven impedidas de acceder a tratamientos caros o terapias de muchas semanas de duración. Ser pobre puede empeorar la salud física y mental, y además hace difícil la asistencia con un profesional reconocido, por el alto costo que esto implica.

Importancia de la relación de pareja y el cuidado de los hijos

Se ha podido demostrar que una relación de pareja satisfactoria puede paliar las heridas emocionales causadas por la indiferencia, violencia o simple desatención de los padres durante la niñez (Orihuela, 2016). Muchas de las enfermedades físicas se relacionan con los sentimientos negativos mantenidos en el tiempo, con el estrés no controlado, con la desesperación, la angustia y la incertidumbre. Por ello, habría que preguntarse cómo afectan las emociones y lo que pensamos a la experiencia de vivir en pareja.

La vida en pareja puede complicarse si antes los integrantes, en sus respectivas familias, no pudieron poner en práctica el amor a los demás, el reconocimiento, el manejo de las propias emociones y la tolerancia a la frustración; lograr todo esto será mucho más difícil con la pareja y, como diría el biólogo chileno Humberto Maturana (1996, p. 78) "nos enfermamos al vivir un modo de vida que niega sistemáticamente el amor".

Una relación de pareja sana no es aquella que no tiene problemas, sino en la que ambos integrantes del sistema están dispuesto a trabajar y atender sus debilidades, dificultades y problemas, no solo para mejorar individualmente, sino en beneficio de la relación (Biscotti, 2014). De manera que una pareja sana existe cuando hay un esfuerzo compartido por impedir las faltas de respeto, el maltrato físico o emocional, la infidelidad, las conductas abusivas, la humillación y el desinterés. Y lo más importante: donde ambos se amen, se respeten, compartan su vida y disfruten haciendo todo esto.

El ser humano y su relación con la muerte

Los estudiosos de la historia humana han interpretado, gracias a los dibujos rudimentarios realizados en cuevas, que el *Homo sapiens* cazaba para sobrevivir, pero no hay dibujos que representen cómo se demostraba una relación de amor y cuidado hacia otro. En este sentido, la inhumación puede verse como una demostración del afecto, pues implica no dejar los cuerpos a merced de animales carroñeros, además de cuidar su apariencia y de enterrarlos con algunas de sus pertenencias, con la esperanza de que la persona pudiera pasar a otra forma de vida (Harari, 2022).

Esta relación ambivalente con la muerte ha provocado, en parte, que los estudios sobre el suicidio en México sean tan escasos y que hayan comenzado a aparecer apenas a mediados del siglo XX en el Instituto Mexicano de Psiquiatría. Hay que recordar que, por diferentes razones y en otro contexto social, el estudio científico del fenómeno suicida surgió con Edwin S. Shneidman (1918-2009), considerado el padre de la suicidología por sus aportaciones en el campo de la prevención y atención al suicidio.

Schneidman fue un importante psicólogo y tanatólogo estadounidense quien, junto con Norman Farberow y Robert Litman, funda en 1993 el Centro de Prevención del Suicidio de Los Ángeles, argumentando que esta acción es resultado de una crisis psicológica relacionada con la conducta, los pensamientos y los sentimientos autodestructivos (Shneidman *et al.*, 1976). Para construir sus teorías sobre el inconsciente y el suicidio, Shneidman les dio un nuevo significado a términos antiguos —tal como hizo Freud.

Utilizó el término *cartas póstumas* para referirse al penúltimo acto de existencia de la persona suicida; en estos documentos la persona señala las causas de su decisión, en ocasiones pide perdón a sus deudos y en otras solo muestran su tristeza. La investigación de este tipo de notas le llevó varios años, durante los cuales recabó cerca de 700 escritos de suicidas (Shneidman *et al.*, 1951). Al someter estos documentos a un severo escrutinio, dedujo que el suicidio es un proceso que deriva de un dolor psicológico insoportable proveniente de necesidades psicológicas insatisfechas.

Los minuciosos estudios de Shneidman lo llevaron a proponer diez características comunes a todo suicidio (Chávez y Leenars, 2010):

1. El propósito común del suicidio es buscar una solución.
2. El objetivo común es el cese de la conciencia.
3. El estímulo común es el dolor psicológico insoportable.
4. El estresor común son las necesidades psicológicas insatisfechas.
5. Las emociones comunes son la desesperación y la desesperanza.
6. El estado cognoscitivo común es la ambivalencia.
7. El estado perceptual común es la constricción (visión de túnel).
8. La conducta común del suicidio es escapar.
9. El acto interpersonal común es la comunicación de la intención suicida.
10. Hay consistencia permanente de los estilos de vida.

Fue en 2003 cuando el suicidio fue declarado como un problema de salud pública por la Organización Mundial de la Salud (OMS), por lo cual la Organización de las Naciones Unidas (ONU) junto con la Asociación Internacional de Prevención de Suicidio (AIPS) decidieron declarar el 10 de septiembre como el Día Mundial de la Prevención del Suicidio. Pero a pesar de esos importantes logros para visibilizar el suicidio, muchos siguen pensando que es un acto de locura o enfermedad mental, por lo cual se mantiene oculto y los índices siguen aumentando en el mundo (Eguiluz y Ayala, 2014).

En los datos de 2020 presentados por INEGI (2021) en el Día Mundial de la Prevención del Suicidio se reportó que en México hubo 7 818 muertes por lesiones autoinflingidas, lo que representa una tasa de 6.2 por cada 100 mil habitantes. En relación con el pensamiento suicida en adolescentes, destaca que 6.9% de la población adolescente ha tenido algún pensamiento suicida a lo largo de su vida, cifra significativamente mayor al 5.1% reportado en la Encuesta Nacional de Salud y Nutrición de 2021. Los datos también señalan que las mujeres reportan mayor prevalencia de este tipo de pensamientos que los hombres (8.8% y 5.1%, respectivamente).

Las circunstancias que estamos viviendo por la pandemia causada por el virus SARS COV-2 son inéditas. Este periodo se inició en febrero de 2020 en México (aunque en otros países comenzó un poco antes), pero los viajes y el tránsito continuo de las personas de un país a otro provocaron que el virus se propagara rápidamente por todo el mundo. Después de más de dos años hemos ido aceptando esta "nueva normalidad"; sin embargo, la pandemia ha dejado secuelas tanto negativas como positivas. Entre las primeras se podría mencionar la enorme cantidad de personas que han perdido la vida, las afectaciones en el campo de la economía, el cierre de negocios por falta de clientes, el despido de trabajadores, el cierre de guarderías y escuelas o la obligación de quedarse en casa. Todas estas condiciones generaron estados de desesperanza, depresión, angustia y miedo, además de violencia hacia los demás y hacia sí mismos. Pero estas condiciones, como era de esperarse, no afectaron a todos por igual; algunos salieron adelante rápidamente gracias a sus capacidades de resiliencia; otros incluso se beneficiaron por tener lo que a los demás les faltaba.

Entre los beneficios de la "nueva normalidad", aunque no son tan notorios, se encuentran la toma de conciencia sobre la importancia de estar vivo y con salud; distinguir entre lo valioso y lo superfluo, entre lo efímero y lo trascendente; valorar el tiempo que se pasa con la familia y los amigos; procurar el cuidado de la salud, haciéndonos responsables no solo de nosotros mismos, sino también de los otros; mejorar y acondicionar hospitales y centros de salud; conseguir millones de vacunas para prevenir el COVID-19; contratar más personal especializado, etcétera.

Convivir en un grupo social beneficia al individuo de diversas formas: las tareas de cuidado, alimentación y atención se hacen menos pesadas; la economía doméstica mejora cuando hay más de un proveedor en la familia; la convivencia y el intercambio de ideas y opiniones enriquece el día a día. Investigaciones recientes han confirmado que las relaciones afectivas tienen beneficios notorios en la salud (Fredrickson, 2015), pero también conllevan dificultades, como señalan Campo y Linares (2002); al respecto, cabe mencionar que la pareja y la familia, a pesar de ser colectividades humanas pequeñas, resultan ser sumamente complejas. En ellas se aprende a vivir, se forman hábitos y se disfruta, pero también se sufre y se violenta.

Las buenas relaciones con la pareja y familiares son salutogénicas, como se ha demostrado en diversas investigaciones (Manes y Niro, 2014; Eguiluz y Plasencia, 2015; Fredrickson, 2015). Las personas casadas que mantienen una relación nutriente viven más años que las solteras, tienen mayor acceso a la atención médica, mejor economía doméstica, disfrutan de una vida sexual más plena y menos riesgosa, experimentan menos estrés, tienen un estilo de vida más sano y padecen menos enfermedades cardiovasculares, diabetes y depresión, en comparación con personas de su misma edad que son solteras (Eguiluz, 2001; Pozos *et al.*, 2013). En cambio, una relación violenta caracterizada por el conflicto, daña y enferma a la persona física y psicológicamente, y permanecer en ella puede llevar a los involucrados a la desesperanza y al suicidio como una forma extrema de escapar.

La relación entre padres e hijos

Sociólogos, antropólogos, filósofos, historiadores, médicos y psicólogos han coincidido en la importancia del grupo social y el sistema familiar en la formación física, mental y emocional de la persona. Para comprender más ampliamente la relación entre la familia y el individuo se deben considerar los siguientes aspectos: *a)* la comprensión horizontal, que implica las interrelaciones de los personajes del sistema en el mismo ciclo vital; *b)* la comprensión vertical, que ocurre entre las personas y los distintos ciclos vitales, lo que permite captar el desarrollo histórico de la familia y entender su situación actual, y *c)* conocer el lugar que ocupa la persona en el sistema fraterno, porque no es lo mismo ser el hijo o la hija mayor que ser el más pequeño; no se comporta igual el único hombre entre varias hermanas que la única mujer entre varios hermanos.

El individuo y su familia son dos sistemas en constante desarrollo, que progresan y se transforman en función de las interacciones entre sus miembros y con los sistemas más amplios del mundo exterior. Sabemos que la organización de toda familia se basa en el establecimiento de reglas y roles que, como hemos señalado, se modifican con el tiempo; en un desarrollo sano, las familias pasan por momentos de crisis y desorganización, indispensables para que se modifique el sistema y alcance un nuevo desarrollo y crecimiento (Parra y Oliva, 2006). Pero cuando el sistema, ya sea social o familiar, genera caos y malestares terribles que persisten en el tiempo, las personas buscan escapar del grupo, migrando o causándose a sí mismos la muerte (Valdez y Arenas, 2019).

Sabemos que hay formas socialmente aceptadas para que un miembro salga de una familia, como estudiar en el extranjero, formar parte de una iglesia, ingresar a un convento, casarse y vivir lejos, conseguir un trabajo que le permita independizarse, etc.; pero hay otras formas de escapar de un sistema conflictivo que generan culpas y desesperanza, como la drogadicción, el alcoholismo, el embarazo adolescente, la delincuencia, la locura o el suicidio, por poner solo algunos ejemplos (Parke y Buriel, 2006).

En el estudio histórico del suicidio hubo debates en los que se discutía si era un trastorno hereditario o solamente el acto impulsivo de alguien que no controlaba sus emociones (Joiner et al., 2012). A pesar de que puede haber acontecimientos suicidas en una misma familia, hasta ahora no hay evidencia de que la conducta suicida se herede, pero tampoco puede atribuirse totalmente al comportamiento individual, porque, como hemos señalado en párrafos anteriores, el comportamiento se aprende y resulta sumamente complejo separar lo biológico de lo cultural.

Por eso es importante preguntarse cómo el sistema familiar puede influir en la decisión de algún integrante de quitarse la vida. Ahora sabemos que uno de los factores preponderantes es sentirse solo (depresión); pensar que las circunstancias en que se encuentra no van a cambiar (desesperanza); atravesar una ruptura; perder el trabajo a una edad ya avanzada o descubrir la infidelidad de la pareja, entre muchas otras circunstancias. Pero lo más triste es cuando ninguno de los integrantes del círculo cercano notó los síntomas ni estuvo dispuesto a preguntar qué ocurría.

Las personas, independientemente de su edad, requieren cuidado y atención de su grupo de pertenencia. Son varios los investigadores, como Bowlby (1951) y más recientemente Moneta (2014), que desde hace años han demostrado que un bebé sin un cuidador asignado desarrolla lo que en

su tiempo se llamó *marasmo* y acaba por morir, pero no por una enfermedad o por un agente patógeno externo. Uno de los principios de la teoría
del apego declara es que el recién nacido necesita establecer una relación
cercana con al menos un cuidador, para que su desarrollo emocional y social se lleve a cabo con normalidad.

Muchos niños y jóvenes llegan a consulta con heridas emocionales no
visibles, pero que hablan de abandono, tristeza y desesperanza; y aunque no
lo digan con palabras, lo plasman en el dibujo de su familia o al jugar con
muñecos que representan a los miembros de su sistema familiar. Estos niños
pueden narrar o representar escenas dramáticas de violencia o abusos de
diferentes tipos, ocurridos durante los primeros años de vida, en los cuales
no hubo una caricia, un "te quiero", un reconocimiento significativo que
le hiciera sentir que valía la pena estar vivo, ya sea de parte de sus padres o
de las personas cercanas a su pequeño mundo.

Breve historia de la teoría sistémica

La terapia familiar tuvo su origen en los Estados Unidos a finales de la década de 1950 y principios de la década de 1960. Inicialmente, el psicoanalista
Murray Bowen publicó los estudios realizados con pacientes esquizofrénicos
y sus familias en la Clínica Menninger y, casi al mismo tiempo, el psiquia-
tra Nathan Ackerman presentó ante la American Psychiatric Association el
trabajo que hizo con diferentes familias (Ochoa de Alda, 1995). En ambos
casos, tanto Bowen como Ackerman ampliaron el foco de la terapia e in-
cluyeron a la familia de los pacientes. Por la misma época, el antropólogo de
origen inglés Gregory Bateson, que acababa de realizar investigaciones sobre
la comunicación con los nativos de Iatmul, Nueva Guinea, se encontró con
Norbert Wiener, quien estaba iniciando sus estudios sobre la cibernética
(Eguiluz, 2001), la cual permitió crear una nueva forma de trabajo clínico.
A Bateson le interesaban las diversas formas de interacción humana; de esa
relación y lo observado en Nueva Guinea, surgió la *teoría del doble vínculo* en
la *esquizofrenia*, publicada en 1956 en colaboración con otros investigadores
del grupo del recién formado Instituto de Investigaciones Mentales (MRI,
por sus siglas en inglés).

La teoría del doble vínculo se basa en los valores psicológicos de la comunicación, según los cuales ambos sujetos, al interactuar, ponen de mani-
fiesto su propia identidad; el problema surge cuando una persona de rango

superior (el padre, la madre, un maestro, un jefe) le da una orden contradictoria a alguien de rango inferior (un hijo, estudiante, empleado), porque la orden se expresa en diferentes niveles lógicos, pero quien la recibe no puede señalar la contradicción y se queda sin entender qué pasa (queda atrapada, por decirlo así) con ese doble mensaje. Por ejemplo, con palabras se da una instrucción o un mandato, pero con los gestos o los ademanes del cuerpo se da otra información que contradice la primera.

Don D. Jackson fundó en 1959 el MRI, en la ciudad de Palo Alto, California, cerca de la Universidad de Stanford, con una pequeña comunidad de veteranos de la Segunda Guerra Mundial. En el MRI se reunieron con Jackson y Bateson, el comunicólogo Paul Watzlawick, la trabajadora social Virginia Satir, el antropólogo John Weakland y el psicólogo y terapeuta Richard Fisch. La tarea inicial de grupo fue estudiar la comunicación y la esquizofrenia desde distintos enfoques (Sánchez, 2003).

El MRI se convirtió en poco tiempo en un centro de aprendizaje, no solo por la calidad de sus integrantes, sino porque del modelo sistémico se derivaron, al cabo de unas décadas, el estructural, el estratégico, el de Milán, la terapia breve centrada en soluciones, el modelo de Roma, la narrativa, etc. Pero a pesar de tener diferentes nombres, distintos protagonistas y desarrollarse en diversos países, todos tienen en común la siguiente idea: el origen de los problemas humanos está en las relaciones, no en la mente ni en el inconsciente.

Algunos de estos enfoques requieren una relación más terapéutica o asimétrica; otros permiten aplicarlos en cualquier contexto social o educativo. En cualquier caso, hay que considerar que cada profesional es diferente y cada uno optará por los modelos que le resulten más fáciles de emplear o con los que se sienta más cómodo. Conocer las estrategias y herramientas de cada modelo resulta muy útil para elegir el más adecuado al tipo de paciente, pareja o familia, así como a la problemática que se busca resolver.

Las personas que requieren terapia empiezan por buscar una cita en un horario y fecha que les convenga tanto a ellos como al terapeuta; desde ese momento hay que anotar en la ficha clínica quién es la persona que llama (nombre del cliente, edad, profesión), cuál es el motivo de consulta (cuál es el problema, quién lo presenta, desde cuándo, qué se ha hecho al respecto) y la razón por la que está llamando en ese momento ("siempre hay una gota que derrama el vaso").

En el modelo sistémico se emplea el genograma o mapa familiar, una herramienta valiosa para desarrollar hipótesis clínicas con base en la dinámica familiar, además de que permite sintetizar gran cantidad de información sin necesidad de volver a leer el expediente del caso. Se trata de una representación gráfica de tres generaciones: abuelos, padres e hijos, con los nombres, edades, escolaridades y tipos de trabajo, además de las relaciones entre los diferentes miembros del sistema. McGoldrick y Gerson (1987) proponen tres pasos para la creación del genograma: *a)* trazado de la estructura familiar, *b)* registro de la información sobre la familia y *c)* la representación de las relaciones familiares. Entendiendo que "el mapa no es el territorio", como diría Watzlawick (1986), el genograma se va modificando conforme se conoce más profundamente y con mayor detalle al sistema familiar.

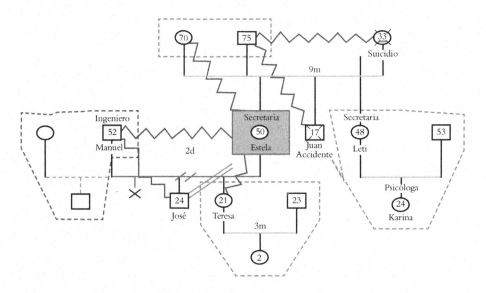

Figura 1. Ejemplo de genograma o mapa familiar

Otra estrategia que se emplea cuando el cliente hace la cita es solicitarle que envíe por correo electrónico su historia de vida; las instrucciones son las siguientes: "Escriba lo que usted recuerde como los sucesos o eventos más importantes que han ocurrido en su vida y que han hecho de usted la persona que ahora es. No lo vuelva a leer ni haga correcciones". Después de haber trabajado con más de 300 historias de vida, se ha llegado a ciertas conclusiones: las mujeres escriben más que los hombres; los hombres hacen más referencia a sus logros y las mujeres hablan más sobre su familia; las mujeres escriben sobre sus emociones y eventos positivos; pocos hombres y pocas mujeres mencionan su historia de pareja, aunque sea este el motivo por el que solicitan la terapia. Este ejercicio, que parece relativamente sencillo, permite ahorrar dos o más sesiones necesarias para conocer a la persona y su problemática.

En los modelos sistémicos el espacio terapéutico ofrece la posibilidad de cocrear conversaciones que permitan construir alternativas viables para el consultante, incluso tratándose del pensamiento o el intento suicida. La terapia sistémica breve centrada en soluciones (Lipchick, 2002, Watzlawick y Nardone, 2000) y la atención de sesión única (Slive y Bobele, 2011) han demostrado tener un efecto favorable al trabajar con personas que están viviendo situaciones complejas.

Algunas estrategias para el trabajo clínico

A pesar de que el modelo sistémico ha tenido múltiples ramificaciones, no podemos desconocer que las técnicas y herramientas derivadas del modelo original pueden ser de gran utilidad, pues promueven la funcionalidad y el desarrollo de formas de vida deseadas por el cliente; permiten una apertura comprensiva en el sujeto y nuevas vías de acción; inhiben los intentos fallidos y la rumiación de pensamientos negativos, y potencian los intentos exitosos y los relatos liberadores.

Diversos estudios han señalado que más importante que las técnicas y herramientas empleadas, es la "alianza terapéutica", es decir, la relación terapéutica que se establece con el cliente. Safran y Muran (2005) comentan que la calidad de esta alianza es el mejor predictor para determinar el éxito del tratamiento. También se habla de la "alianza de trabajo", que se refiere a la capacidad del terapeuta y el cliente para trabajar de mutuo acuerdo y enfocarse en el tratamiento. El terapeuta debe atender no solo el problema, sino también detectar las competencias, recursos, habilidades y fortalezas del cliente, para colocar al consultante como agente de cambio, lo que potenciará al mismo tiempo la esperanza.

Caso clínico

En el caso clínico que presentamos a continuación, hemos usado el modelo sistémico de terapia breve enfocada a soluciones (De Shazer, 1986;

O'Hanlon, 2003: Slive y Bobele, 2011) y algunas estrategias de la psicología positiva (Lyubomirsky, 2008).

Durante la primera entrevista formulamos las siguientes preguntas: ¿cuál es el motivo de consulta?, ¿por qué decidió venir ahora?, ¿quién más está atento a su situación?, ¿qué ha intentado hacer para resolver el problema y qué sí le ha funcionado?, ¿cuáles considera que son sus fortalezas para haber aguantado todo esto?, ¿cuál sería el paso más pequeño que daría para saber que va en la dirección correcta? Estas preguntas no se hacen a través de un cuestionario ni una tras otra, sino a lo largo de la sesión.

Un elemento importante para favorecer el cambio en una terapia es, como ya se señaló, la relación que se construye entre cliente y terapeuta; por lo tanto, es esencial establecerla desde la primera sesión, para mover al cliente en una dirección terapéutica. En estos modelos no hacemos diagnósticos basados en el DSM-5 ni en el CIE-10, sino que trabajamos con los clientes para definir el problema como una conducta observable y específica, que pueda quedar bajo el control del cliente (García y Schaefer, 2015). Por último, y antes de finalizar la sesión, se hace un breve resumen de lo conversado, para proporcionar una esperanza de solucionar la crisis por la que atraviesa el cliente (Bobele *et al.*, 2008).

Gracias a la historia de vida enviada por Estela, se pudo conocer en lo general cómo es su familia. Durante la primera parte de la sesión ella habló de su familia de origen, sobre lo que su madre había hecho (cuando ella tenía ocho años su madre se suicidó) y lo difícil que había sido su vida con Manuel por su violencia y la poca atención que le dedicaba a su familia. Muchas veces sus hijos le habían sugerido que se separara para no seguir escuchando pleitos interminables pero, a pesar de todo, ella no buscó el divorcio hasta que descubrió su infidelidad. Ahora se siente enojada por la decisión que tomó y muy triste por su soledad.

T: Estela, por lo que usted relata y a pesar de empezar a conocernos, pienso que usted debe ser una mujer muy fuerte para sobreponerse a todas estas crisis: el suicidio de su madre, la muerte temprana de su hermano, la violencia e infidelidades de su pareja, el divorcio, el embarazo y la salida de Teresa, y últimamente la decisión de su hijo de estudiar fuera. Pero cuénteme cómo lo ha logrado.

La conversación da un giro y Estela pasa de representar a una víctima a ser una mujer adulta y fuerte que ha logrado sortear las diversas crisis que se le han presentado en la vida. Su conducta corporal cambia con este nuevo relato, se endereza en el sillón, me mira a los ojos y de vez en cuando esboza una sonrisa. Habla de su perro, sobre lo agradable que es su compañía; lo lleva al parque casi todos los días y la sigue por toda la casa; lo tiene desde hace casi 10 años.

Más adelante habla sobre su soledad y lo alejada que está de sus hijos. Refiere que con su hija tuvo muchos problemas. Teresa fue una chica difícil: grosera, desobediente, incumplida y mala estudiante; le reclamaba que la comparaba constantemente con su hermano y culpaba a Estela de todo lo que le pasaba, hasta de no haber terminado la preparatoria y del embarazo no deseado.

T: Me gustaría que recordaras algunas cosas de las que hacía Teresa cuando era chica y te gustaban [Estela se extraña de la pregunta y tarda un poco en responder].

E: Bueno, no siempre fue así. Me acuerdo que cuando era chica se ponía entre su papá y yo, tratando de defenderme; o cuando me consolaba porque Manuel era muy grosero conmigo; o cuando íbamos juntas al súper y me recordaba lo que hacía falta en casa.

T: ¿Te diste cuenta, Estela, *cómo cambió tu expresión cuando me contabas cosas lindas sobre Teresa*? Y te pregunto si percibiste cómo esta narración te provocó una emoción placentera.

Un poco después se le pregunta a Estela qué la ha traído hasta aquí. Su voz se quiebra y relata lo mal que se ha sentido con todo lo que le ha pasado y la depresión que le generó la partida de José, su hijo mayor: "y me quedé completamente sola, sin poder encontrarle sentido a la vida". Se menciona que la *depresión* es la enfermedad de la tristeza, que lleva aparejado un abanico de sentimientos negativos que nos agobian, como la pena, la melancolía, el desencanto, la desilusión, el abatimiento, la falta de ganas y energías, y todo eso acompañado de un estilo diverso y único a la vez. Es importante identificar cualquiera de estas emociones que, al repetirse muchas veces, generan sentimientos como la tristeza, y se le ofrecen algunas ideas sobre cómo puede manejar estos pensamientos e incluso detenerlos.

T: Estela, es importante aprender a identificar los pensamientos negativos, porque vienen en cascada y después resulta muy difícil detenerlos; pero tú puedes, primero que nada, darte cuenta de qué estás pensando y enseguida cuestionar ese pensamiento; por ejemplo, cuando pienses "a nadie le importo, nadie me quiere", contradícelo diciéndote a ti misma "si hay quien me quiere: mi hermana Lety y mi sobrina Karina siempre me han ayudado cuando lo he necesitado"; o si piensas: "Blacky estaría mejor viviendo con mi hermana", o "Teresa no me quiere y no me permite ver a mi nieta", ¿cómo contradirías estos pensamientos negativos?

Ese tipo de ejercicios se hacen poniendo ejemplos y haciendo que el paciente los contradiga para ejercitar esta poderosa práctica hasta convertirla en un hábito. Se le pregunta si se ha dado cuenta de cuándo aparece la tristeza y qué la produce; Estela ha observado que generalmente es cuando se va a la cama e intenta dormir, y se pone a pensar en todo esto y ya no puede conciliar el sueño.

T: ¿Y mientras sales a pasear a tu perro piensas en cosas negativas?
E: No, porque me estoy fijando por dónde vamos y saludo a los vecinos que también salen con sus perritos.
T: ¿Y qué conclusión sacas sobre los momentos en que piensas más cosas tristes o negativas? [Se queda un momento en silencio y responde]
E: Me pasa más cuando estoy acostada o descansando.
T: ¿Y cuál sería la receta, entonces?
E: Ponerme a hacer cosas que me gustan y hablar con otras personas.
T: Muy bien, ¿y qué otras cosas que te gustan podrías hacer?
E: Pues cocinar, leer, caminar para ver a mi hermana; bañar a Blacky, mi perro.
T: Muy bien, pero recuerda que cuando hagas todas esas cosas que te gustan, tienes que poner atención en lo que haces, no solo hacerlas rápido o por cumplir.

Se comenta lo importante que puede resultar recordar y escribir sobre una buena época de la relación con su hija: de cuando nació, cuando era una niña, incluso cosas buenas que ocurrieron entre ellas dos siendo ya más grandes, como las que ha mencionado. También se habla de la importancia del perdón, señalando que "no hay nada que no se pueda perdonar y no hay nadie que no merezca ser perdonado". Si su hija o Manuel hicieron cosas que no le gustaron o la lastimaron, puede recurrir al perdón; perdonar es un viaje a la curación de nuestras viejas heridas, pero se le advierte que perdonar no es fácil, porque para ello tendrá que abrirse paso a través del dolor y la pérdida para hallar la aceptación (Tutu y Tutu, 2017).

Se le pide que escriba una carta de perdón para Manuel, recordando los buenos momentos que vivieron juntos y tratando de entender por qué no funcionó la relación, por qué era tan violento y qué papel desempeñaba ella en esa situación. Esa carta es para entender y perdonar sinceramente lo que hizo el otro y así curar sus heridas del pasado, por lo que no requiere ser entregada al destinatario; lo más importante es que ella pueda escribirla con toda conciencia y dedicación.

Antes de terminar la sesión, se le pide que evalué con un número del 0 al 10 cómo se sentía antes de ir a terapia y cómo se siente después, donde cero equivale a *Muy mal* o *Pésimo* y 10 equivale a *Excelente* o *Estupendo*. Estela evalúa con 0 el antes y con 8 cómo se siente en ese momento. Se construyó un clima de confianza y cercanía, por lo que se le pregunta:

T: Calificaste con cero antes de venir a terapia, quiero preguntarte si también pensaste cuando estabas viviendo estas situaciones tan difíciles; me quiero morir, no le hago falta a nadie, estaría mejor muerta, para que seguir con vida si nadie me quiere.

E: Sí, me sentía muy triste, ya no salía a pasear a Blacky, no tenía ganas de levantarme; ni hambre tenía y tomé muchas pastillas de las que tomaba Manuel para dormir. No sé cuánto tiempo dormí, pero me despertó Blacky cuando se subió a la cama y me empezó a ladrar. En la tarde busqué hablar con mi hermana, pero me contestó mi sobrina y le conté lo mal que estaba; vinieron a verme y me convencieron para hacer la cita para venir acá.

T: ¿Qué hubiera pasado si Blacky no te despierta?, ¿piensas que podrías haber muerto? Y si así hubiera ocurrido, ¿quién encontraría tu cadáver?, ¿les causaría pena o dolor tu muerte?, ¿qué pensarían tu hermana y tu sobrina sobre tu suicidio?, ¿cómo lo tomarían tus hijos?, ¿consideras que alguno haría lo mismo que tú de encontrarse en circunstancias parecidas?

De todas estas preguntas se mencionan solo algunas de sus respuestas. "A quién le dolería más…, a Blacky porque ya no me vería y tendría que ir a vivir a otro lado y con otras personas; como ya está grande, quizá moriría también de tristeza". "Como casi nadie me visita, tardarían en darse cuenta de mi muerte. Probablemente sería mi hermana, que me llama por teléfono de vez en cuando; o mi sobrina, que ella sí viene los miércoles a comer conmigo". "Quizá mi hermana recordaría lo que hizo mi madre y me reprocharía el no haber cumplido la promesa que nos hicimos cuando éramos chicas, de nunca hacer lo mismo que ella". "Pienso que para mis hijos podría ser una liberación; quizá puedan sentir culpa por no haberse ocupado de mí". Se le proponen a Estela una serie de ejercicios para aprender a disfrutar de la vida; algunos de ellos se pusieron en práctica durante la sesión. Había que empezar por valorar las experiencias cotidianas, dejando de hacer las cosas a toda prisa y poniendo atención a los detalles, como lavar los trastes, ducharse o salir con su perro, y empezar a hacerlas un poco más despacio para poder escribir en la noche sobre esa experiencia, qué fue lo que cambió y cómo la hizo sentir (Bryant *et al.*, 2005).

Durante la siguiente sesión se continuó hablando del intento de suicidio, de la importancia de los amigos y los parientes cercanos y de cómo practicar la amabilidad, brindar ayuda y apoyo cuando otra persona lo requiera, hablar sobre sus éxitos, abrazarla, acercarse con un gesto positivo. Por ejemplo: "he estado pensando mucho en ti durante la semana", "quiero felicitarte porque me enteré de que vas a casarte", "te hice un pastel que te va a gustar, ¿quieres venir por él o te lo llevo?". Durante esa sesión se le pide que llame a alguna persona conocida cada día, solo para saludarla y saber cómo se encuentra y, si lo considera conveniente, que haga una visita a un pariente o amistad. Esto también lo debe escribir en su diario y llevarlo a la sesión de la siguiente semana (Pennebaker, 1998).

Se le pide además que escriba en una pequeña libreta (que se le obsequia desde la primera visita, para realizar las tareas), a la que llamamos Diario de positividad, al menos tres cosas buenas que le hayan ocurrido en el día o que la hicieran sentir bien, aunque fueran pequeñas (Lyubomirsky, 2008). Esta tarea habrá de realizarse todos los días de la semana y se le pedirá durante la sesión que lea lo escrito. Habrá de ser reforzada con comentarios como: "Estela, te han pasado cosas muy buenas esta semana, parece que estuvo excelente", "varias de las cosas que escribes se refieren a tu perro; veo que Blacky te alegra la vida", "lograste hablar con tu hija y te hará una visita, creo que te hará muy feliz".

Este relato sobre las sesiones con una persona que vive sola y que intentó suicidarse es solo un ejemplo entre muchos. El lector podrá notar el uso de varias estrategias empleadas en la terapia sistémica breve, la terapia breve centrada en soluciones y la terapia narrativa, donde algunos de los objetivos son construir una alianza terapéutica, ayudar a gestionar los pensamientos negativos, mantener una relación dialéctica con los potenciales positivos y, al mismo tiempo, enriquecer la conexión entre los patrones biológicos y sociales. Las tareas son un excelente recurso para acceder a los objetivos propuestos en menos tiempo.

Referencias

Biscotti, O. (2014). *Esas parejas... Terapia con parejas en crisis.* Buenos Aires: Lumen Humanitas.

Bobele, M., López, M., Scamardo, M. y Solórzano, B. (2008). Singlesession/Walk-in Therapy with Mexican-American Clients. *Journal of Systemic Therapies, 27*(4), 75-89.

Bowlby, J. (1951). *Maternal Care and Mental Health, Bull World Health Organ.* 3(3), 355-533.

Bryant, F. B., Smarte, C. M. y King, S. P. (2005). Using the Past to Enhance the Present: Boosting Happiness Through Positive Reminiscense. *Journal of Happiness Studies, 6*(2), 227-260.

Campo, C. y Linares, J. L. (2002). *Sobrevivir a la pareja. Problemas y soluciones.* Barcelona: Planeta.

Chávez, H. A. y Leenars, A. (2010). Edwin S. Shneidman y la suicidología moderna. *Salud Mental, 33*(4), 355-360.

De Shazer, S. (1986). *Claves para la solución en terapia breve.* Buenos Aires: Paidós.

Eguiluz, L. L. (2001). *La teoría sistémica. Alternativas para investigar el sistema familiar.* Ciudad de México: Iztacala UNAM.

Eguiluz, L. L. y Ayala, M. M. (2014). Relación entre ideación suicida, depresión y funcionamiento familiar en adolescentes. *Psicología Iberoamericana, 22*(2), 72-80.

Eguiluz, L. L. y Plasencia, V. L. (2015). Las familias que florecen. *Sistemas familiares y otros sistemas humanos, ASIBA, 31*(2), 92-121.

Eisler, R. (1993). *El cáliz y la espada. Nuestra historia, nuestro futuro.* Santiago de Chile: Cuatro Vientos.

Eisler, R. (2000). *Nuevos caminos hacia el poder personal y el amor.* Ciudad de México: Pax.

Encuesta Nacional de Salud y Nutrición Ensanut (2021). Informe de Resultados de la Encuesta Nacional de Salud y Nutrición 2020 sobre COVID-19. https://ensanut.insp.mx/encuestas/ensanutcontinua2021/doctos/informes/220804_Ensa21_digital_4ago.pdf

Fredrickson, B. (2015). *Amor 2.0. Una nueva mirada a la emoción que determina lo que sentimos, pensamos, hacemos y somos.* Ciudad de México: Océano.

García, M. F. y Schaefer, A. H. (2015). *Manual de técnicas de psicoterapia breve. Aportes desde la terapia sistémica.* Santiago de Chile: Mediterráneo.

Harari, Y. J. (2019), *De animales a dioses. Breve historia de la humanidad.* Ciudad de México: Editorial Debate.

Harari, Y. J. (2022). *21 lecciones para el siglo XXI*. Barcelona: DeBolsillo.

INEGI, Instituto Nacional de Estadística, Geografía e Informática (2018 y 2021). Estadísticas de intentos de suicidio y suicidio. https://www.inegi.org.mx/programas/suicidio/

Jodelet, D. (1986). La representación social: fenómenos, concepto y teoría. En S. Moscovici (Ed.). *Psicología social*. Tomo II. Barcelona: Paidós.

Joiner, T. E., Ribeiro, J. D. y Silva, C. (2012). Nonsuicidal Self-Injury, Suicidal Behavior, and their Co-occurrence as Viewed Through the Lens of the Interpersonal Theory of Suicide. *Current Directions in Psychological Science, 21*(5), 342–347.

Linares, J. L. (2012). *Terapia familiar ultramoderna: La inteligencia terapéutica*. Barcelona: Herder.

Lipchik, E. (2002). *Terapia centrada en soluciones: Más allá de la técnica*. Buenos Aires: Amorrortu.

Lyubomirsky, S. (2008). *La ciencia de la felicidad*. Barcelona: Ediciones Urano.

Manes, F. y Niro, M. (2014). *Usar el cerebro. Conocer nuestras mentes para vivir mejor*. Buenos Aires: Planeta.

Maturana, H. (1996). *El sentido de lo humano*. Santiago: Dolmen Ediciones.

McGoldrick, M. y Gerson, R. (1987). *Genogramas en la evaluación familiar*. Buenos Aires: Gedisa.

Minuchin, S. (1983). *Familias y terapia familiar*. Ciudad de México: Gedisa.

Moneta, M. E. (2014). Apego y pérdida: Redescubriendo a John Bowlby. *Revista Chilena de Pediatría, 85*(3), 76-84.

O'Hanlon, W. (2003). *Pequeños grandes cambios. Diez maneras sencillas de transformar tu vida*. Ciudad de México: Paidós.

Ochoa de Alda, I. (1995). *Enfoques en terapia familiar sistémica*. Barcelona: Herder.

Orihuela, A. (2016). *Transforma las heridas de tu infancia. Rechazo, abandono, humillación, traición, injusticia*. Ciudad de México: Aguilar.

Parke, R. D. y Buriel, B. (2006). Socialization in the Family: Ethnic and Ecological Perspective. En W. Damon; R. M. Lerner y N. Eisenberg (Eds.), *Handbook of Child Psychology,* Vol. 3, Social, Emotional, and Personality Development. Nueva York: Wiley.

Parra, A. y Oliva, A. (2006). Un análisis longitudinal sobre las dimensiones relevantes del estilo parental durante la adolescencia. *Infancia y Aprendizaje, 29*, 453-470.

Pennebaker, J. W. (1998). Writing about Emotional Experiences as a Therapeutic Process. *Psychological Science, 8*(3), 162-166.

Pozos, G. J., Rivera, A. S., Reyes, L. I. y López, P. S. (2013). Escala de felicidad en la pareja. Desarrollo y Validación. *Actas de Investigación Psicológica, 3*(3),1286-1297.

Safran, J. y Muran, C. (2005). *La alianza terapéutica: una guía para el tratamiento relacional.* Madrid: Desclée de Brouwer.

Sánchez, R. L. (2003). *Aspectos históricos y enfoques de la terapia familiar.* Santiago de Cali: Editorial Universidad del Valle.

Shneidman, E., Little, K. y Joel, W. (eds.) (1951). *Thematic Test Analysis.* Nueva York: Grunne & Stratton.

Shneidman, E., Farberow, N. y Litman, R. (1976). *The Psychology of Suicide.* Lanham: Jason Aronson.

Slive, A. y Bobele, M. (2011). *When One Hour is All You Have.* Phoenix: Zeig, Tucker & Theisen.

Tutu, D. y Tutu, M. (2017). *El libro del perdón. El camino de sanación para nosotros y nuestro mundo.* Ciudad de México: Océano.

Valdez, S. y Arenas, M. L. (2019) *Simplemente quería desaparecer.* Ciudad de México: Instituto Nacional de Salud Pública.

Watzlawick, P. (1986). *Es real la realidad: Confusión, deformación, comunicación.* Ciudad de México: Herder.

Watzlawick, P. y Nardone, G. (2000). *Terapia breve estratégica. Pasos hacia un cambio de percepción de la realidad.* Barcelona: Paidós.

CAPÍTULO 5

Evaluación de tamizaje para el riesgo suicida: Una forma de prevención

Sandra Mirely Vázquez Mandujano

Nos encontramos en una época de grandes cambios tecnológicos e ideológicos, que han transformado la vida tal y como la conocíamos antes de la irrupción del internet en la cotidianidad. Actividades como la comunicación, el trabajo y la educación se han transformado notablemente en estas dos décadas del nuevo milenio. La perspectiva del mundo y de todo lo que nos rodea también se ha visto afectada. Desde un enfoque cognitivo conductual, un recurso que puede arrojar luz para explicar estos cambios es, precisamente, la triada cognitiva (Beck, 1983), en la cual la percepción de nuestra persona, quienes nos rodean, el mundo y el futuro están inmersos en el mundo tecnológico, a tal grado que ya no se puede prescindir de este para conformarnos en el mundo social.

En general, se ha comentado que la tecnología, a la par que el sistema económico capitalista, han fomentado prácticas competitivas, posturas individualistas, exigencias de constante actualización en todos los ámbitos y dependencia hacia los dispositivos electrónicos más allá de lo necesario, todo lo cual ha posibilitado una productividad a gran escala que, sin embargo, también ha derivado en problemas psicológicos (Cabanas, 2013). A diferencia de otras épocas, los cambios y las actualizaciones ocurren de manera cada vez más acelerada y, por ello, surge la necesidad de adaptarse rápidamente a un mundo que exige producir más para consumir más, y para el cual el éxito no es una recompensa sino un requisito vital. Estas exigencias han tenido consecuencias en la salud mental y se están convirtiendo en un reto epidemiológico global.

A pesar de la evidencia, la Organización Mundial de la Salud (OMS, 2020) señala que es precisamente el ámbito de salud mental el más infravalorado e infrafinanciado (en promedio, solo se destina 2% del presupuesto sanitario en cada país). Joiner (2005) destaca que en Estados Unidos se destinaron más fondos para la investigación, tratamiento o prevención de enfermedades como el VIH que para la investigación y prevención del suicidio, aunque las estadísticas han mostrado que la cantidad de muertes por suicidio supera al de muertes por VIH. Sin restarle importancia a la epidemia de VIH, lo más recomendable sería atenderla sin descuidar otras enfermedades y trastornos, tanto físicos como mentales, que son igualmente relevantes y que no están aislados unos de otros.

En el contexto actual, desde el surgimiento de la COVID-19 la demanda de servicios psicológicos se ha acrecentado debido a las secuelas producidas por el aislamiento y el distanciamiento social, por el trabajo en casa y por la misma enfermedad (OMS 2020). Se estima que en años posteriores, las necesidades de atención psicológica se multiplicarán, por lo que se requiere trabajar en el desarrollo de intervenciones y protocolos en los servicios de atención psicológica para hacer frente a los efectos que la pandemia provocará a largo plazo (Campos *et al.*, 2021; Ramírez *et al.*, 2020).

Uno de los temas que se encuentra en la lista de prioridades de atención es el suicidio. La Organización Panamericana de la Salud ha advertido que la COVID-19 puede exacerbar los factores de riesgo (OPS, 2020; Salazar y Romero, 2021), y aunque no se tiene suficiente información, existen documentos en los que se reporta que la población más afectada es la dedicada a los servicios de salud (Cantor *et al.*, 2021). Incluso antes de la pandemia, el suicidio ya era considerado un problema mundial, y actualmente requiere una atención inmediata en distintos niveles, tales como prevención, intervención y posvención, a la par del trabajo interdisciplinario que garantice un mejor pronóstico.

En México, por ejemplo, se han reforzado diversos programas de atención mental, a distancia o presenciales (*Gaceta Facultad de Medicina*, 2020), que pretenden atender las crisis y prevenir intentos suicidas que se agudizan como consecuencia del confinamiento, el miedo al contagio propio o de familiares y la sobrecarga de trabajo, entre otros. No obstante, y proyectándose a largo plazo, la psicología tiene una gran área de oportunidad, pues se espera que en los próximos años más personas demanden servicios de salud mental en relación con trastornos como la ansiedad, la depresión, el estrés postraumático y, por supuesto, el suicidio (Ramírez, *et al.*, 2020). Al respecto, Benítez (2021) señala que, aunque parezca prematuro afirmar la influencia de la pandemia sobre el suicidio, con los recursos que actualmente contamos y con base en los casos registrados sí podemos visualizar cómo este panorama coadyuva a la aparición de ideación, planeación e instrumentalización del suicidio.

Una forma de hacer frente a los retos actuales y venideros ha sido diseñar protocolos de atención enfocados a identificar y atender casos de riesgo suicida (Villacrés, 2021). Para ello, se requieren herramientas orientadoras para saber cómo actuar ante la sospecha de conducta suicida; en este sentido, es muy importante contar con personal capacitado e instrumentos de tamizaje que permitan evaluar cuál es la mejor ruta de atención o derivación.

La apuesta es sensibilizar a la población y socializar la información; esto incluye facilitar instrumentos de tamizaje a profesionales que tengan contacto con una gran cantidad de personas (docentes, personal directivo y administrativo, trabajadores de la salud, etc.) y que cuenten con herramientas empíricas para confirmar o descartar la presencia de conductas relacionadas con el suicidio.

Los instrumentos de tamizaje son necesarios tanto para profesionales de psicología y psiquiatría como para personal no especializado en salud mental, pues cuanto más sensibilizados y capacitados estén, mejor elegirán las herramientas a su alcance y les será más sencillo contener o prevenir un posible intento suicida. Asimismo, las redes de apoyo para detectar conductas de riesgo deben incluir a personal diverso, ya sea de escuelas, centros de trabajo o de la comunidad. Esto es clave, pues permitiría reaccionar de acuerdo con las necesidades propias del contexto y del caso particular.

Otra manera de fortalecer cualquier estrategia de sensibilización sobre el suicidio es reaccionar de acuerdo a las características de las poblaciones en un determinado contexto social. Por ejemplo, se considera que los grupos etarios de la adolescencia y juventud son los que presentan mayor riesgo suicida (Cañon y Carmona, 2018); sin embargo, existen otras variables, otros fenómenos o características que tienen la capacidad de aumentar la posibilidad de que surja algún factor de riesgo.

Se ha documentado que algunas poblaciones son más vulnerables porque sus contextos sociales son poco incluyentes y pueden llegar a ser sumamente violentos; por ejemplo, la población LGBTTTIQA* (lesbianas, gays, bisexuales, transexuales, travestis, transgénero, intersexuales, queer, asexuales y más), los migrantes (Böttcher y Garay, 2021) y las mujeres que padecen violencia de género (Tremoleda *et al.*, 2019). También es importante tener una mirada interseccional que considere la raza, la clase y el género, para ubicar a aquellas personas que, por cuestiones de violencias e injusticias sociales, pueden desarrollar ideaciones suicidas.

En consonancia con lo anterior, en este capítulo se describirán algunos instrumentos de tamizaje cuyo objetivo es detectar el riesgo suicida con base en conductas, cogniciones y emociones relacionadas. Estas herramientas, que pueden ser utilizadas en el ámbito terapéutico, no son exclusivas de este espacio, ya que personal de diferentes áreas y en otros contextos puede utilizarlas por su accesibilidad para hacer la derivación a especialistas.

Definir la conducta suicida

Detectar el riesgo suicida sigue siendo un reto para profesionales de la salud mental de diversas áreas. Esto se complejiza porque no existe un patrón distintivo de comportamiento o un perfil psicológico de la persona suicida; tampoco existen causas ambientales que puedan definirse como unívocas. No obstante, como mencionan Suelves y Robert (2012), las conductas suicidas no son eventos aleatorios. Se han encontrado diversos factores correlacionados de forma significativa con el acto suicida. Estos factores pueden servir como pistas para localizar oportunamente cualquier posible riesgo, determinar si existen conductas asociadas al suicidio y cuáles, así como el grado o nivel de riesgo, lo que permitiría dar la atención apropiada en el momento adecuado.

La *Nomenclature for Suicide and Self-Injurious Thoughts and Behaviors* de O'Carrol (1996), divide el suicidio en tres etapas: *a)* ideación suicida, *b)* conductas relacionadas con el suicidio y *c)* suicidio consumado; de manera que es posible agrupar y definir ciertas conductas en relación con el suicidio. En este texto se utilizará la definición dada por Silverman *et al.* (2007a-2007b), la cual entiende la conducta suicida como potencialmente lesiva y autoinfligida, en la que hay evidencia implícita o explícita de que la persona desea utilizar la aparente intención de morir con alguna finalidad, o bien, que sí existen intenciones manifiestas de acabar con su vida. Estos autores consideran que la conducta suicida no necesariamente provoca lesiones, pero que cuando ocurren pueden ser de diversa gravedad y, en última instancia, letales. En ese tenor, las conductas suicidas pueden agruparse en cuatro categorías:

a) Autolesiones o gesto suicida: conducta potencialmente lesiva autoinfligida en la que existe evidencia (implícita o explícita) de que la persona no tiene la intención de terminar con su vida. Este tipo de conducta puede provocar lesiones o la muerte (muerte autoinfligida no intencionada). Además, la persona utiliza la aparente intencionalidad de morir con alguna finalidad distinta a un desenlace fatal de su vida.

b) Conducta suicida no determinada: tiene un grado indeterminado de intencionalidad suicida que puede resultar con o sin lesiones, o causar la muerte (muerte autoinfligida con grado indeterminado de intencionalidad).

c) Intento de suicidio: es la conducta potencialmente lesiva autoinfligida pero sin resultado fatal; existe evidencia (implícita o explícita) de intencionalidad de provocarse la muerte. Independientemente del método utilizado y su grado de letalidad, las autolesiones pueden, o no, estar presentes.

d) Suicidio: muerte autoinfligida con evidencia de que la persona tenía intencionalidad de terminar con su vida.

Según lo planteado anteriormente, existen dos distinciones principales respecto a la intencionalidad: la que determina si el objetivo es terminar con la vida y la que, por medio del gesto, busca cambiar algo en el entorno. Habrá conductas potencialmente riesgosas pero que no tienen como finalidad la muerte y, por otro lado, existirán conductas cuya intencionalidad sí busca ese resultado. No obstante, aunque el nivel de riesgo en el gesto suicida parezca menor, la letalidad del método y las circunstancias contextuales y emocionales pueden elevar la probabilidad del daño infligido, por lo cual todos los casos deben ser tratados con la misma seriedad y prontitud, independientemente de la intencionalidad.

La intencionalidad ha sido puesta a debate debido a que no existen parámetros que permitan definirla objetivamente de manera teórica y operacional (Legido, 2012). Esto representa un reto para analizar la conducta suicida; en consecuencia, la elaboración de instrumentos podría no contemplar que la intención ayuda a distinguir el nivel de riesgo entre una conducta suicida y otras que son accidentales o parasuicidas, es decir, cuando la persona no deseaba terminar con su vida. De lo anterior se deriva que la intencionalidad es un componente esencial para definir la conducta suicida (Baca *et al.*, 2007) y que es importante tomarla en consideración constantemente, pues no es estática, suele cambiar en el tiempo (Legido, 2012).

Con base en las consideraciones anteriores, se han diseñado diversos instrumentos cuyo objetivo es determinar si las conductas de una persona están asociadas al suicidio y de qué manera, para tomar decisiones mejor respaldadas. De acuerdo con Rangel *et al.* (2015), se pueden clasificar los instrumentos en tres grandes grupos: los aplicados por profesionales en salud mental, los de autoaplicación y los elaborados para infancias y adolescencias. También hay inventarios autoaplicados que evalúan factores protectores y otros que evalúan los pensamientos respecto al suicidio y actitudes ante la vida.

En este texto nos enfocaremos en aquellos instrumentos que puedan ser aplicados sin necesidad de una formación especializada en salud mental, e incluso, que pueden ser de autoaplicación. La finalidad es coadyuvar a la expansión de recursos y a la socialización de información que permita a la población en general ser partícipe de una cultura de prevención del suicidio, a la par que generar una consciencia de autocuidado que ponga de relieve que las emociones y pensamientos cotidianos tienen una profunda influencia en la salud emocional y física. Como ya se mencionó antes, la intención es involucrar a diversos actores sociales en la búsqueda de estrategias de prevención y brindar herramientas que permitan construir una intervención basada en las necesidades y prioridades de cada persona.

Además de identificar si existen o no indicadores de conducta suicida, es necesario tener nociones sobre a qué tipo de servicio se debe canalizar a la persona. Se recomienda tomar en cuenta al menos tres tipos de servicios a los que es posible acudir según la severidad del riesgo suicida: *a)* de manera inmediata a algún hospital de psiquiatría, *b)* a internamiento breve y *c)* a psicoterapia o consejería. Para decidir qué referencia es la más adecuada, los instrumentos de tamizaje desempeñan un papel importante, pues el nivel de riesgo se evalúa con el puntaje obtenido en el instrumento aplicado; este aporta información sobre la gravedad del caso y coadyuva a la toma de medidas pertinentes para salvaguardar la seguridad de la persona evaluada.

Inventario de Ideación Suicida Positiva y Negativa (PANSI)

La ventaja de los instrumentos de tamizaje es que, además de que no requieren un entrenamiento altamente especializado en suicidio, pueden aplicarse a un gran número de personas. De esta manera, a quienes trabajan con grandes grupos les resultará más sencillo identificar a quienes presenten signos de riesgo, siendo la aplicación del instrumento la base para desarrollar protocolos de atención. Tal es el caso con el Inventario de Ideación Suicida Positiva y Negativa (PANSI, por sus siglas en inglés), desarrollado por Osman *et al.* (2003) y que ha sido utilizado en instituciones educativas como la Universidad Nacional Autónoma de los Andes, Ecuador, en 2018, como parte del diseño de un protocolo de atención inicial con alumnado de la carrera de medicina.

En el contexto latinoamericano, se ha estudiado la validez y confiabilidad del instrumento en Colombia (Avedaño *et al.*, 2018; Villalobos *et al.*, 2009). En México, su traducción estuvo a cargo de Robles *et al.* (2008) y posteriormente se realizó un análisis factorial confirmatorio entre Colombia y México (Avedaño *et al.*, 2021), lo cual permitió conocer su valor transcultural al encontrar invariancia en los constructos con ambas poblaciones, lo que suma evidencia de que sus propiedades psicométricas permiten detectar el riesgo suicida de forma eficiente.

PANSI se caracteriza por ser una escala que contempla factores protectores contra el suicidio, así como factores de riesgo que se inclinan hacia el mismo. Cabe recalcar que esta escala evalúa las últimas dos semanas anteriores a la aplicación, por lo que es recomendable usarlo para identificar cómo se encuentra actualmente la persona evaluada y no sobre eventos pasados.

Algunos ejemplos de ítems relacionados con factores protectores de esta escala son: "¿Pensaste en matarte porque no pudiste hacer algo que era muy importante en tu vida?" y "¿Te sentiste tan solo o tan triste que querías matarte para así terminar con ese sufrimiento?". Por otro lado, al explorar factores protectores, algunos ejemplos de esta escala son "¿Tuviste confianza en lograr tus metas en el futuro?" y "¿Has sentido que tenías el control de la mayoría de las situaciones de tu vida?". En total, PANSI consta de 13 ítems (Avedaño *et al.*, 2018) en escala Likert de cinco niveles, que exploran las cogniciones y actitudes respecto a la idea de morir. La frecuencia en las que son pensadas se puntúa desde 0, que equivale a *nunca*, hasta 4, que es igual a *siempre*.

La forma de calificar la escala es mediante sumatorias de cada rubro, lo cual no explora las conductas suicidas, pero sí las cogniciones que tienen una alta correlación con conductas de riesgo en el caso de la ideación suicida y los factores protectores, que permiten saber con qué recursos cognitivos y afectivos cuenta la persona para hacer frente a los problemas que la llevan a pensar en la muerte como posible solución.

En conclusión, PANSI es un instrumento que ha tenido validez interna alta, tanto en su idioma original como en las adaptaciones al español hechas en México y Colombia; además de que existe sólida validez transcultural entre estos países, por lo que su aplicación y respectivos resultados son confiables y resulta ideal como instrumento de tamizaje en centros de trabajo, de estudio y comunitarios, en los cuales se desee tener información a gran escala sobre factores de riesgo y protección (Mayorga, 2018).

Escala Modificada de Ideación Suicida (MSSI)

Por sus siglas en inglés y como su nombre lo indica, el MSSI es una modificación de un instrumento más amplio para población adulta, diseñado por Miller *et al.* (1986). Esta versión abreviada está pensada para ser aplicada por personal de distintas áreas además de psiquiatría; en ese sentido, funciona bien como prueba de tamizaje y autorreporte (Pianowski *et al.*, 2015; Rangel *et al.*, 2015).

Consta de 18 ítems que hacen referencia a las últimas 48 horas en la vida de la persona, los cuales exploran tres dimensiones específicas: *a)* deseo suicida, *b)* preparación para el intento y *c)* capacidad percibida para realizar el intento (Clum y Yang, 1995). Cada pregunta está configurada en escala tipo Likert de cuatro opciones de respuesta, que van del del 0 al 3. Además, cuenta con instrucciones de corte específicas, lo que permite determinar si es necesario seguir contestando.

En ese sentido, los ítems 1 y 2 evalúan el deseo de morir o de vivir, respectivamente; si la persona puntúa <2 además de 0 en el ítem 3 (deseo de instrumentalizar el acto suicida) y el ítem 4 (posibilidad de un intento suicida pasivo, por ejemplo, poniéndose en riesgo al cruzar la calle), no es necesario continuar con el instrumento. Por el contrario, si hay una puntuación mayor que 2 y 0 en cada uno de los ítems señalados, se deben contestar las preguntas restantes (Miller *et al.*, 1991; Nukala *et al.*, 2021).

La escala MSSI está pensada para clasificar la ideación suicida en tres niveles de intensidad, sumando el valor dado a cada pregunta; de 0 a 8, supone una ideación suicida leve; de 9 a 20 se considera ideación suicida moderada, y a partir de 21 se califica como ideación suicida grave; otro requisito para clasificar la ideación en este nivel es que se haya puntuado >1 en los ítems 7, 3 y 15.

Cabe señalar que, hasta la fecha de la revisión, no se ha realizado una validación de la prueba en español ni para la población latinoamericana. Sin embargo, los análisis respecto a sus propiedades psicométricas ofrecen garantía de su confiabilidad y validez (Clum y Yang, 1995; Joiner *et al.*, 1997; Pettit *et al.*, 2009). Finalmente, algunas de las ventajas de la aplicación de este instrumento es que identifica y permite clasificar el riesgo suicida y su nivel de intensidad desde las primeras preguntas. Esta forma de tamizaje también es práctica cuando se requiere aplicarlo a una cantidad significativa de personas, filtrando aquellos casos que requieren atención de los que no presentan ideación suicida al momento de contestar.

Escala Plutchik de riesgo suicida

En el caso de la escala desarrollada por Plutchik y Van Praag (1989), su versión original consta de 26 ítems, mientras que la versión en español se redujo a 15 debido a los ajustes, resultado de las adaptaciones al idioma español (Rangel *et al.*, 2015; Rubio *et al.*, 1998; Santana y Santoyo, 2015). Una de las ventajas de este instrumento es su practicidad, ya que además de ser autoadministrado, se responde con *Sí/No* en un periodo no mayor a dos minutos, haciendo esta escala fácil de utilizar en contextos de emergencia.

Además de ello, la escala Plutchik puede distinguir personas con planeación del suicidio, con antecedentes de ideación y con intentos suicidas, aunque no reporta el grado de severidad de los mismos. El punto de corte se ubica en la sumatoria de seis puntos o más, los cuales se obtienen con cada respuesta afirmativa con valor de 1 y que indicarían presencia actual de riesgo suicida (Santana y Santoyo).

Otra propiedad psicométrica importante es que está compuesta por cuatro dimensiones o factores relacionados con el suicidio: sentimientos de inutilidad, ideación suicida, desesperanza y factores sociales (Koslowsky *et al.*, 1991). Estos factores en la versión en español abarcan los reactivos:

- Factor I. Sentimiento de inutilidad: reactivos 3, 6, 8 y 12.
- Factor II. Ideación suicida: reactivos 2, 13 y 14.
- Factor III. Desesperanza: reactivos 5, 7 y 9.
- Factor IV. Factores sociales: reactivos 1, 4, 10, 11 y 15.

Plutchik es una escala que por su sencillez se ha utilizado en varios sectores poblacionales de México: en centros penitenciarios (Santana y Santoyo), en población médica residente (Jiménez *et al.*), en personal de enfermería de primer nivel (Tomás *et al.*, 2010) y en contextos escolares (Félix, 2017; Osnaya y Pérez, 2012). De acuerdo con Rangel *et al.* (2015), la escala es un instrumento confiable y oportuno en contextos de emergencia para la evaluación del riesgo suicida.

Escala de desesperanza de Beck (BHS)

Diseñada en 1974 por Beck y sus colaboradores, la escala BHS (por sus siglas en inglés), es un instrumento que no se enfoca en detectar riesgo suicida explícito, como lo hace la Escala de ideación suicida de Beck (ISB,1979); sin embargo, la BHS se proyecta como un instrumento de tamizaje que puede utilizarse en cualquier contexto ante la sospecha de ideación o intentos suicidas (Abal *et al.*, 2021; Álamo *et al.* 2019), a ISB requiere ser aplicada por personal de salud mental especializado, en conjunto con una evaluación clínica.

En ese sentido, para asegurarse de que la BHS funciona como instrumento de tamizaje, Beck *et al.* (1985; 1990) evaluaron a pacientes clínicos con intentos suicidas y pacientes ambulatorios, y encontraron que puede ser un predictor confiable y válido de riesgo suicida. Otra razón para usar esta escala es por la alta correlación que existe entre la desesperanza, la depresión y el suicidio (Tabares *et al.*, 2019; Quiñonez *et al.*, 2019). De esta manera, ante la mera sospecha, la BHS permite indagar en pensamientos y conductas que se encuentran estrechamente ligados al suicidio y, aunque no haya una intención manifiesta de riesgo suicida, el instrumento permite identificar cualquier signo para trabajar en este de manera preventiva.

La escala está compuesta por 20 reactivos que se responden en sentido dicotómico, como *verdadero* o *falso* en un tiempo aproximado de cinco minutos y se distribuyen en tres factores: *a)* sentimientos sobre el futuro (1, 6, 13, 15, 19), *b)* falta de motivación (2, 3, 9, 11, 12, 16, 17 y 20) y *c)* expectativas sobre el futuro (4, 7, 8, 14 y 18). Cada ítem suma un punto, de tal forma que la calificación va de 0 a 20, con un punto de corte de 9 o 10, de acuerdo con la población en que se validó. Los ítems que indican desesperanza se califican con un punto; los demás tienen un valor de 0. La sumatoria se divide en cuatro niveles de severidad: 0-3, mínimo o normal; 4-8, leve; 9-14, moderado, y 15-20, severo (Cochrane *et al.*, 2000).

Abal *et al.* (2021), por su parte, han trabajado sobre algunas de las desventajas de la BHS; señalan que la extensión no es adecuada si se quieren realizar tamizajes o estudios epidemiológicos a gran escala, principalmente por el tiempo de aplicación y por el tipo de constructo que se está evaluando. La propuesta de estos investigadores ha sido la aplicación de este instrumento por medio de un método conocido como *administración adaptativa*, que consiste en administrar los reactivos que brinden más información con ayuda de una computadora y un algoritmo, sin la necesidad de aplicar toda la escala. No obstante, al ser un trabajo incipiente, aún queda pendiente determinar el punto de corte, además de que la aparente ventaja de la aplicación asistida por medios electrónicos podría verse entorpecida en espacios en donde estas herramientas no pueden utilizarse, o si las personas a quienes se les va a aplicar no están familiarizadas con los dispositivos electrónicos.

Escala de suicidalidad de Okasha

Este instrumento de tamizaje autoadministrado está compuesto únicamente de cuatro ítems que exploran dos aspectos: *a)* la ideación suicida y *b)* los intentos suicidas durante los últimos 12 meses, con una sensibilidad de 90% y una especificidad de 79% (Angulo *et al.*, 2020; Okasha *et al.*, 1981). Las respuestas se encuentran en un formato tipo Likert del 0 al 3, donde la máxima puntuación es de 12, mientras que 5 se considera el punto de corte para un caso de atención (Salvo *et al.*, 2009), y están configuradas en una escala de frecuencia (*nunca, casi nunca, algunas veces, muchas veces*) con valor de 0 a 3. Las preguntas son las siguientes:

- ¿Has pensado alguna vez que la vida no vale la pena?
- ¿Has deseado alguna vez estar muerto?
- ¿Has pensado alguna vez terminar con tu vida?
- ¿Has intentado suicidarte?

Una característica importante de esta escala es que con sus preguntas se puede discriminar fácilmente y en poco tiempo el riesgo de suicidio: cuanto mayor es el puntaje obtenido, mayor el riesgo o la gravedad del caso (Perales y Loredo, 2015); esto permite tomar decisiones oportunas basadas en evidencias y con el respaldo de instrumentos válidos y confiables.

Okasha es un instrumento que ha sido utilizado principalmente con adolescentes (Campo *et al.*, 2019; Valdivia *et al.*, 2015), pero también se ha extendido su uso a otras poblaciones para investigar el riesgo suicida, como en las personas trans (García *et al.*, 2018), las víctimas de ciberacoso (Martínez *et al.*, 2021) y en relación con la diabetes mellitus, por mencionar algunos ejemplos, lo que deja ver su flexibilidad y adaptabilidad.

Presentación de un caso

Joel es un hombre joven de 30 años, homosexual y de clase baja que se encuentra laborando como enfermero en un hospital de la Ciudad de México. Antes de la pandemia de COVID-19 él tomaba psicoterapia, ya que tenía un diagnóstico de ansiedad generalizada debido a los constantes asaltos que había padecido en el transporte público y cuyo detonante fue haber sido amenazado con un arma de fuego para despojarlo de sus pertenencias.

Acudía a terapia en un consultorio privado; sin embargo, debido a la carga de trabajo, que aumentó a raíz de la COVID-19, se vio obligado a suspender sus consultas, ya que en el hospital se le asignó trabajar en los pabellones para atender pacientes con COVID-19, en ocasiones durante dos turnos seguidos por la falta de personal. Gastaba en su propio equipo de protección para evitar contagiarse, además de tener que hospedarse en un hotel por decisión propia, ante el temor de contagiar a su familia, compuesta por su abuela de 70 años, su madre de 54 años y su hermana de 20 años. Adicionalmente, él en ese momento se convirtió en el principal proveedor, pues su madre y abuela dejaron de vender ante la insistencia de Joel de que permanecieran en casa junto con su hermana.

Por otro lado, el psicólogo con quien acudía no podía atenderlo en los horarios que él tenía libres y, aunque le ofreció la oportunidad de continuar por medio de videollamadas, el acceso a internet de Joel era limitado, usaba solamente el wifi gratuito que el hotel le ofrecía y le era complicado económicamente contratar algún paquete de telefonía móvil con internet. Esta situación lo llevó a sentir una desesperanza cada vez mayor, al ver a compañeras y compañeros de trabajo, así como a amistades cercanas y familiares, enfermar gravemente o morir en cortos periodos.

Además, el aislamiento, el distanciamiento social, no ver a sus seres queridos, dedicarse de lleno al trabajo y no poder expresar libremente su orientación sexual, lo llevaron a un estado de estrés agudo y de constante duelo. Se encontraba agotado tanto física como mentalmente, al punto de que las ideas sobre desaparecer, ya no estar aquí, es decir sobre el suicidio, comenzaron a tomar forma.

Todo esto se supo gracias a que dentro del mismo hospital la jefa de enfermería comenzó a notar cambios en su actitud y forma de trabajo. Aunque no fue el único, el cambio en su desempeño fue el más notorio y uno de los primeros en ser identificado. Joel solía ser un joven profesionista comprometido con su trabajo, siempre atento a las necesidades de los pacientes que estaban a su cargo y que respondía de manera adecuada a las demandas que aparecían constantemente en su área de trabajo. La ansiedad que se desbordó a raíz de la amenaza con arma de fuego le impidió ir a trabajar en ocasiones, pero con la ayuda de la psicoterapia logró cierta estabilidad.

Su jefa sabía de este antecedente y por ello notó que llegaba tarde, se le veía sin ánimos, a sus pacientes asignados ya no les daba el mismo trato y en muchas ocasiones llegó a expresar su hartazgo no solo de la pandemia, sino de todo lo que sucedía en su vida; también se le olvidaba llenar ciertos formatos y reportes que eran sumamente importantes. Además, ya había varias muertes entre el equipo de trabajo, lo cual afectó en el ánimo y desempeño del equipo de enfermería, pero principalmente de Joel, quien siempre se había llevado bien con sus colegas.

La jefa decidió acercarse para escucharlo, pero también para detectar si había algún factor de riesgo no solo físico, sino también psicológico. Fue así como llegó a la conclusión de que Joel posiblemente no era el único en esa situación y, a la par de aplicar un cuestionario de tamizaje para estrés y ansiedad, utilizó el *Plutchik Suicide Risk Scale* en conjunto con su asistente.

Los principales argumentos de la jefa para usar este instrumento fueron que se responde rápidamente con un *Sí/No*, en menos de cinco minutos y ofrece información precisa sobre intentos suicidas previos en las cuatro dimensiones en las que está compuesta la escala:

1. Factor I. Sentimientos de inutilidad
2. Factor II. Ideación suicida
3. Factor III. Desesperanza
4. Factor IV. Factores sociales

Cuando Joel contestó el instrumento, para la jefa fue más sencillo identificar que ya había presentado ideación suicida anteriormente y que en el momento de la aplicación los sentimientos de desesperanza predominaban en su diario vivir.

Con esta información, ella pudo solicitar atención psicológica y psiquiátrica dentro del mismo hospital para que su colega fuera atendido y recibiera un tratamiento integral.

Posteriormente, al aplicar los cuestionarios en toda la plantilla de enfermería, se encontró que aproximadamente 65% del personal presentaba signos de ansiedad aguda: no obstante, 40% de la plantilla reportó ideación suicida actual, lo que representa casi la mitad del equipo, y en el grupo de primera línea que atendía casos de COVID-19 el porcentaje se elevó a 45% en ese hospital.

Con esta información, la jefa de enfermería pudo darse cuenta de las consecuencias que a mediano y largo plazo podrían afectar el estado psicológico de su equipo si no se respondía urgentemente a sus necesidades. De ahí que, a partir del caso de Joel, comenzará a diseñar un protocolo de atención para la salud mental dentro del hospital para todo el personal que labora en el pabellón COVID-19.

Conclusiones

El presente texto es un esbozo general sobre las principales escalas de tamizaje, con el objetivo de que cualquier persona pueda aplicarlas a una cantidad considerable de gente, ya sea para detectar casos de riesgo, para datos estadísticos o bien para una autoevaluación.

Es importante señalar que, a pesar de que cada instrumento contemplado tienen un alto índice de confiabilidad y validez, además de estar adaptado para la población hispanoparlante (a excepción de la MSSI), son solo un eslabón de la cadena preventiva que pretende forjarse alrededor del fenómeno suicida para contenerlo y detectar a tiempo cualquier posible caso de riesgo antes de que se desborde.

No obstante, si un instrumento es aplicado incorrectamente, hace menos probable reconocer los signos y manifestaciones de la conducta suicida y, lo que es más grave, abre la posibilidad de obtener falsos negativos que no serán atendidos; de ahí que también se ponga énfasis en la sensibilización de la población en general, independientemente de la profesión u oficio que desempeñe. Esto puede ilustrarse en el caso narrado arriba, con la jefa de enfermería, cuya sensibilidad y suspicacia respecto al suicidio le permitió observar los cambios de ánimo y comportamiento de sus colegas, aunados a un contexto altamente estresante.

Asimismo, vale la pena observar que el contexto social influye en cómo la ideación suicida comienza a gestarse en una persona, pues este también funge como facilitador, ya sea de una atención temprana o de la instrumentalización de esa idea. En este caso, Joel, víctima de la delincuencia a mano armada, contaba con un apoyo que tuvo que abandonar por cuestiones económicas y laborales en medio de una pandemia.

Ser el único proveedor activo de su familia en ese momento y vivir en un ambiente homofóbico que lo obligaba a ocultar su orientación fueron factores que posibilitaron la aparición de estrés, ansiedad y pensamientos de desesperanza, y elevaron su severidad (Andrade y González, 2017; Rueda *et al.*, 2018).

En ese sentido, la aplicación de un instrumento de tamizaje fue crucial para detectar, con base en evidencias, que el comportamiento de Joel tenía una alta relación con la ideación y conducta suicida, además de la observación de su jefa; fue por medio de este instrumento como se pudieron confirmar en un primer momento las sospechas que se tenían al respecto. A pesar de que, para poder confirmar un diagnóstico de manera apropiada se necesitan otras evaluaciones, las escalas de tamizaje, por su brevedad, se vuelven prácticas y confiables para aplicar en un primer momento.

Por último, en este capítulo no se contemplaron escalas como el *Suicide Intent Scale* (SIS), *Modified Suicide Assessment Scale* y *Suicide Assessment Scale Self Rated* (SUAS-S), *Adult Suicidal Ideation Questionnaire* (ASIQ), *Sad Persons Scale* y *Mini Mental* (Ferrando *et al.*, 2000), ya sea porque no tienen suficientes estudios para garantizar su validez y confiabilidad, o porque, a pesar de ser instrumentos de tamizaje, requieren cierto entrenamiento y conocimientos en clínica y salud mental más relacionados con las áreas de psicología clínica y psiquiatría.

Referencias

Avedaño-Prieto, B. L. A., Pérez-Prada, M., Vianchá-Pinzón, M., Martínez-Ba-
quero, L. y Toro, R. (2018). Propiedades psicométricas del inventario de
ideación suicida positiva y negativa PANSI. *Revista Evaluar*, 18(1).

Avedaño-Prieto, B. L. A., Tobar, R. T., González, C. J., Vélez, B. S. M. y Ortiz,
M. H. (2021). Análisis factorial confirmatorio del inventario de idea-
ción suicida positiva y negativa Pansi con muestras de Colombia y
México. *Diversitas: perspectivas en psicología*, 17(1), 3.

Abal, J. P., González, J. F. S., Lozzia, G. S. y Attorresi, H. F. (2021). Escala de
Desesperanza de Beck (BHS): ventajas de una administración adaptativa.
Revista Iberoamericana de Psicología, 14(1), 71-82

Álamo, C., Baader, T., Antúnez, Z., Bagladi, V. y Bejer, T. (2019). Escala de
desesperanza de Beck como instrumento útil para detectar riesgo de
suicidio en universitarios chilenos. *Revista Chilena de Neuro-psiquiatría*,
57(2), 167-175.

Andrade, S. A. y González, P. J. (2017). Relación entre riesgo suicida, autoestima, desesperanza y estilos de socialización parental en estudiantes
de bachillerato. *Psicogente*, 20(37), 70-88.

Angulo, C. M. A., López, M. D. y Vargas, A. L. C. (2020). *Derrota social, desesperanza, suicidalidad y bienestar social* [Tesis de pregrado]). Bucaramanga:
Universidad Cooperativa de Colombia.

Baca, E., Parra, C. P., Pérez, M. M., Sastre, C. D., Torres, R. R., Sainz, J. y
de León, J. (2007). Psychosocial Stressors may be Strongly Associated with Suicide Attempts. *Stress and Health: Journal of the International
Society for the Investigation of Stress*, 23(3), 191-198.

Beck, A. T., Brown, G. & Steer, R. A. (1989). Prediction of eventual suicide
in psychiatric inpatients by clinical ratings of hopelessness. *Journal of
consulting and clinical psychology*, 57(2), 309.

Beck, A. T., Weissman A., Lester D. y Trexler L. (1974). The Measurement
of Pessimism: The Hopelessness Scale. *Journal of Consulting and Clinical
Psychology*, 42(6), 861-865.

Beck, A., Kovacks, M. y Weissman, A. (1979). Escala de ideación suicida. En
M. I. Comeche, M. I. Díaz y M. A. Vallejo (Eds.). *Cuestionarios, inventa-
rios y escalas. Ansiedad, depresión y habilidades sociales.* Madrid: Fundación
Universidad-Empresa.

Benítez, E. (2021). Suicidio: el impacto del COVID-19 en la salud mental. En
Medicina y Ética, 32(1), 15-39.

Böttcher, R. M. y Garay, C. J. (2021). Prevalencia y factores de riesgo asociados al suicidio en países latinoamericanos. *Psicodebate, 21*(1), 61-78.

Cabanas, D. E. (2013). *La felicidad como imperativo moral: origen y difusión del individualismo "positivo" en el capitalismo neoliberal y sus efectos en la construcción de la subjetividad* [Tesis de Doctorado]. Madrid: Universidad Autónoma de Madrid.

Cabanillas, Ch. L. E. (2018). *Diabetes mellitus como factor de riesgo para suicidalidad en pacientes atendidos en el Hospital Belén de Trujillo* [Tesis de licenciatura]. Trujillo: Universidad Privada Antenor Orrego.

Campo, A. A., Zuñiga, D. Z. M., Mercado, M. A. L. y García, A. D. C. (2019). Análisis de factores y de la consistencia interna de la Escala de Okasha para suicidalidad en adolescentes. *Revista Cubana de Salud Pública, 45*(1), 1-8.

Campos, O. S., Madrid, P., Pemberthy, S., Pérez, A. M., Ramírez, P. A. y Vélez, V. M. (2021). Intervenciones para la salud mental de estudiantes universitarios durante la pandemia por COVID-19: una síntesis crítica de la literatura. *Revista Colombiana de Psiquiatría, 50*(3), 199-213.

Cantor, C. F., McDouall, L. J., Parra, A., Martin, B. L., Quesada, N. P., González, G. C. y Yomayusa, N. (2021). Cuidado de la salud mental del personal de salud durante COVID-19: recomendaciones basadas en evidencia y consenso de expertos. *Revista Colombiana de Psiquiatría. 50*(3), 74-80.

Cañón, B. S. y Carmona, J. A. (2018). Ideación y conductas suicidas en adolescentes y jóvenes. *Pediatría Atención Primaria, 20*(80), 387-397.

Clum, G. A. y Yang, B. (1995). Additional Support for the Reliability and Validity of the Modified Scale for Suicide Ideation. *Psychological Assessment, 7*(1), 122-125.

Cochrane, K. A., Lofchy, J. S. y Sakinofsky, I. (2000). Clinical Rating Scales in Suicide Risk Assessment. *General Hospital Psychiatry, 22*(6), 445-451.

Félix, R. L. (2017). *Presencia de rasgos de insensibilidad emocional e impulsividad y su asociación con riesgo de suicidio en adolescentes de 13 a 19 años* [Tesis Especialidad en Psiquiatría]. San Luis Potosí: Universidad Autónoma de San Luis Potosí.

Ferrando, L., Bobes, J., Gibert, J., Soto, M. y Soto, O. (2000). MINI Entrevista Neuropsiquiátrica Internacional. https://www.fundacionforo.com/pdfs/mini.pdf

Gaceta Facultad de Medicina (2021). *Salud Mental Durante la Pandemia*. Año IX, 254, 11 de octubre.

García, E., Camero, A., Fernández, M. y Villaverde, A. (2018). Suicidal Idea-
    tion and Suicide Attempts in Persons with Gender Dysphoria. *Psico-
    thema. 30*(3), 283-288.
Jiménez-López, J. L., Arenas-Osuna, J. y Angeles-Garay, U. (2015). Sínto-
    mas de depresión, ansiedad y riesgo de suicidio en médicos residen-
    tes durante un año académico. *Revista Médica del Instituto Mexicano del
    Seguro Social*, 53(1), 20-28.
Joiner, T. E., Rudd, M. D. y Rajab, M. H. (1997). The Modified Scale for
    Suicidal Ideation: Factors of Suicidality and their Relation to Clinical
    and Diagnostic Variables. *Journal of Abnormal Psychology, 106*(2), 260-
    265.
Joiner, T. E. (2005). *Why People Die by Suicide*. Cambridge: Harvard Uni-
    versity Press.
Koslowsky, M., Bleich, A., Greenspoon, A., Wagner, B., Apter, A. y Solomon,
    Z. (1991). Assessing the Validity of the Plutchik Suicide Risk Scale.
    Journal of Psychiatric Research, 25(4), 155-158
Legido G.T. (2012). *Clasificación de la conducta suicida utilizando cuestionarios
    psicométricos* [Tesis doctoral]. Madrid: Universidad de Alcalá.
Martínez, M. C., Delgado, B., Díaz, H. A. y García, F. J. M. (2021). Rela-
    tionship between Suicidal Thinking, Anxiety, Depression and Stress
    in University Students who are Victims of Cyberbullying. *Psychiatry
    Research, 286*, artículo 112856.
Mayorga Aldaz, E. C. (2018). Protocolo para la detección y manejo inicial
    de la ideación suicida. *Ajayu Órgano de Difusión Científica del Departa-
    mento de Psicología UCBSP, 16*(1), 203-219.
Miller, I. W., Norman, W. H., Bishop, S.B. y Dow, M. G. (1986). The Modi-
    fied Scale for Suicidal Ideation: Reliability and Validity. *Journal of Con-
    sulting and Clinical Psychology, 54*(5), 724.
Miller, I. W., Norman, W. H., Bishop, S. B. y Dow, M. G. (1991). The Modi-
    fied Scale for Suicidal Ideation. http://ketamineconsult.com/wpcon-
    tent/uploads/2018/04/ 20160118183859_Modified_Scale_for_Sui-
    cidal_Ideation_20150126.pdf
Nukala, S., Singisetti, S., Vinnakota, A., Chilikuri, S., Garapati, A., Sanapala,
    V. y Nambaru, L. (2021). Defeat and Entrapment in the Pathogenesis
    of Suicidal Behavior. *Archives of Mental Health, 22*(1), 51.
O'Carroll, P.W., Berman, A. L., Maris, R. W., Moscicki, E. K., Tanney, B. L. y
    Silverman, M. M. (1996). Beyond the Tower of Babel: a Nomenclature
    for Suicidology. *Suicide and Life-Threatening Behavior, 26*(3), 237-252.

Okasha, A., Lotaif, F. y Sadek, A. (1981). Prevalence of Suicidal Feelings in a Sample of Non-Consulting Medical Students. *Acta Psychiatrica Scandinavica, 63*(5), 409-415.

OMS, Organización Mundial de la Salud. (2020a). Los servicios de salud mental se están viendo perturbados por la COVID-19 en la mayoría de los países, según un estudio de la OMS. https://www.who.int/es/news/item/05-10-2020-covid-19-disrupting-mental-health-services-in-most-countries-who-survey

OMS, Organización Mundial de la Salud. (2020b). Día Mundial de la Salud Mental: una oportunidad para impulsar un aumento a gran escala de la inversión en salud mental. https://www.who.int/es/news/item/27-08-2020-world-mental-health-day-an-opportunity-to-kick-start-a-massive-scale-up-in-investment-in-mental-health

OPS, Organización Panamericana de la Salud. (2020). *Salud Mental y COVID-19.* https://www.paho.org/es/salud-mental-covid-19

Osman, A., Gutiérrez, P., Jiandani, J., Barrios, F., Linden, S. y Truelove, R. (2003). A Preliminary Validation of the Positive and Negative Suicide Ideation (PANSI) Inventory with Normal Adolescent Samples. *Journal of Clinical Psychology, 59*(4), 493-512.

Osnaya, M. C. y Pérez, J. C. (2012). Confiabilidad y validez de constructo de la escala de ideación suicida de Beck en estudiantes mexicanos de educación media superior. *Alternativas en Psicología, 16*(26), 16-25.

Perales-Blum, M. T. L. P. y Loredo, L. (2015). Family Dysfunction and Suicidality in Adolescents with Major Depressive Disorder. *Salud Mental, 38*(3), 195-200.

Pettit, J. W., Garza, M. J., Grover, K. E., Schatte, D. J., Morgan, S. T., Harper, A. y Saunders, A. E. (2009). Factor Structure and Psychometric Properties of the Modified Scale for Suicidal Ideation among Suicidal Youth. *Depression and Anxiety, 26*(8), 769-774.

Pianowski, G., de Oliveira, E. S. y Baptista, M. N. (2015). Revisión de ideación, comportamiento suicida y medidas de evaluación psicológicas. *Psicología desde el Caribe, 32*(1), 81-120.

Plutchik, R. y Van Praag, H. (1989). The Measurement of Suicidality, Aggressivity and Impulsivity. *Progress in Neuro-Psychopharmacology and Biological Psychiatry, 13*(1), S23-S34.

Quiñonez, T. F., Méndez, L. T. y Castañeda, N. (2019). Análisis factorial confirmatorio y propiedades psicométricas de la Escala de Desesperanza de Beck en estudiantes en contextos de pobreza en México. *Revista de*

Psicopatología y Psicología Clínica, 24(2), 59-70.

Ramírez, O. J., Castro, Q. D., Lerma, C., Yela, F. y Escobar, F. (2020). Mental Health Consequences of the COVID-19 Pandemic Associated with Social Isolation. *Colombian Journal of Anestesiology, 48*(4), 1-8.

Rangel, C. X., Suárez, M. F. y Escobar, F. (2015). Escalas de evaluación de riesgo suicida en atención primaria. *Revista de la Facultad de Medicina, 63*(4), 707-716.

Robles, R., González, E. B., Páez, F. y Huerta, D. L. (2008). Establecen la validez de la versión en español del Inventario de Ideación Suicida Positiva y Negativa. https://www.siicsalud.com/des/expertoimpreso.php/96232

Rubio, G., Montero, J., Jáuregui, J., Villanueva, R., Casado, M. A., Marin, J. J. y Santo-Domingo, J. (1998). Validación de la Escala de Riesgo Suicida de Plutchik en población española. En *Archivos de Neurobiología, 61*(2), 143–152.

Rueda, G. E., Castro, V. A., Rangel, A. M., Moreno, C., Martínez, S. G. y Camacho, P. A. (2018). Validación de la Escala de Desesperanza de Beck en pacientes con riesgo suicida. En *Revista de Psiquiatría y Salud mental, 11*(2), 86-93.

Salazar, J. A. y Romero, A. R. (2021). Suicidio: un problema de salud pública que la pandemia aumentó. En *Revista Investigación, Desarrollo, Educación, Servicio y Trabajo, 1*(2), 1-6.

Salvo, L., Melipillán, R. y Castro, A. (2009). Confiabilidad, validez y punto de corte para escala de *screening* de suicidalidad en adolescentes. En *Revista Chilena de Neuropsiquiatría, 47*(1), 16-23.

Santana-Campas, M. A. y Santoyo, Telles, F. (2018). Propiedades psicométricas de la escala riesgo suicida de Plutchik en una muestra de jóvenes mexicanos privados de la libertad. *Avances en Psicología, 26*(1), 57-64.

Santo, R. S. Q. y Fernández, A. L. (2021). Ciberacoso y su relación con la intencionalidad suicida en adolescentes de 12 a 17 años. En *Pro Sciences: Revista de Producción, Ciencias e Investigación, 5*(38), 103-112.

Silverman, M. M., Berman, A. L., Sanddal, N. D., O'carroll, P. W. y Joiner Jr., T. E. (2007a). Rebuilding the Tower of Babel: a Revised Nomenclature for the Study of Suicide and Suicidal Behaviors. Part 1: Background, Rationale, and Methodology. En *Suicide and Life-Threatening Behavior, 37*(3), 248-263.

Silverman, M. M., Berman, A. L., Sanddal, N. D., O'carroll, P. W. y Joiner Jr., T. E. (2007). Rebuilding the Tower of Babel: a Revised Nomenclature for the Study of Suicide and Suicidal Behaviors. Part 2: Suicide-Related Ideations, Communications, and Behaviors. En *Suicide and Life-Threatening Behavior, 37*(3), 264-277.

Suelves, J. M. y Robert, A. (2012). La conducta suicida: una mirada desde la salud pública. *Revista Española de Medicina Legal, 38*(4), 137-142.

Tabares, A. S. G., Núñez, C., Caballo, V. E., Osorio, M. P. A. y Aguirre, A. M. G. (2019). Predictores psicológicos del riesgo suicida en estudiantes universitarios. *Psicología Conductual, 27*(3), 391-413.

Tomás, J., Maynegre, M., Pérez, M., Alsina, M., Quinta, R. y Granell, S. (2010). Síndrome de *burnout* y riesgo suicida en enfermeras de atención primaria. *Enfermería Clínica, 20*(3), 173-178.

Tremoleda, J., Salvany, M., Mercadal, J., Ortega, M. C., Aguilera, C. y Cabezas, M. V. (2019). Suicidio y violencia de género: relación invisibilizada en los servicios de atención a la salud mental. *Mosaico: revista de la Federación Española de Asociaciones de Terapia Familiar/Journal of the Spanish Federation of Family Therapy Associations, 74*, 8-26.

Valdivia, M., Silva, D., Sanhueza, F., Cova, F. y Melipillán, R. (2015). Prevalencia de intento de suicidio adolescente y factores de riesgo asociados en una comuna rural de la provincia de Concepción. *Revista Médica de Chile, 143*(3), 320-328.

Villacrés, C. M. (2021). *Protocolo de intervención en conductas suicidas.* [Examen complexivo]. Machala: Universidad Técnica de Machala.

Villalobos-Galvis, F. H. (2010). Validez y fiabilidad del inventario de Ideación Suicida Positiva y Negativa-PANSI. *Universitas Psychologica, 9*(2), 509-520.

Villalobos-Galvis, F. H. (2009). Situación de la conducta suicida en estudiantes de colegios y universidades de San Juan de Pasto, Colombia. *Salud mental, 32*(2), 165-171.

CAPÍTULO 6

Nuevos modelos breves para atender emergencias psicológicas

Carolina Santillán Torres-Torija

En el presente capítulo se revisarán los modelos teóricos basados en la psicoterapia cognitivo conductual que han demostrado tener mayor eficacia para atender conductas asociadas al suicidio. En la figura 3 del presente capítulo, se muestra un caso en donde se describe la atención en una emergencia con base en la técnica de plan de seguridad.

Terapia breve cognitivo conductual para la prevención del suicidio

Bryan y Rudd (2018) han trabajado ampliamente (Rudd, 2012; Bryan *et al.*, 2011; Diefenbach, *et al.*, 2021) en un modelo teórico cognitivo junto con la intervención manualizada que ya han probado en población estadounidense. Esta incluye un entrenamiento en habilidades que respeta la autonomía de las personas y está indicada para atender crisis en sesiones individuales.

Los autores parten del supuesto de entrenar a las personas para desactivar lo que ellos llaman *modo suicida*. A través de un modelo (véase figura 1), los clínicos tomarán en cuenta que las personas a las que atienden presentan algún factor predisponente, por ejemplo, cierta vulnerabilidad genética hacia la sintomatología depresiva, una desregulación en el eje hipotalámico-pituitario-suprarrenal (HPA), un sesgo atencional hacia el suicidio, altos niveles de impulsividad y exposición a lo largo de la vida a eventos altamente estresantes o traumáticos.

Estos factores se activan en un momento de crisis ante algún tipo de disparador: una dificultad en las relaciones interpersonales, presión financiera, algún tema legal o presión laboral. En ese momento cuatro dominios —que en una situación estable se caracterizan porque en lo cognitivo hay

un adecuado autoconcepto, flexibilidad cognitiva y capacidad para solucionar los problemas— se transforman en cogniciones de desesperanza, de
sentirse atrapado, de falta de valía, de ser una sobrecarga, de pertenencia
fallida y culpa. Físicamente se manifiestan con agitación, trastorno del sueño, dolor, falta de concentración y tensión muscular; en lo conductual se
caracterizan por un abuso de sustancias, aislamiento, agresión o autolesión
no suicida.

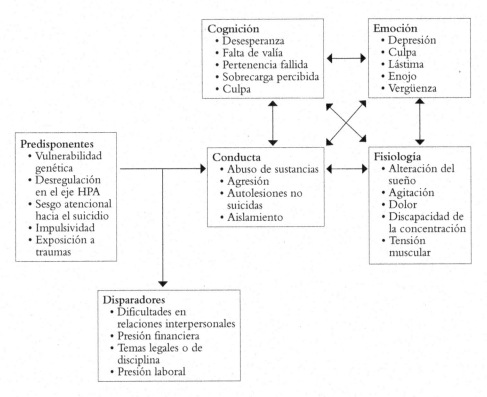

Figura 1. Modelo teórico cognitivo para la prevención del suicidio. Fuente: Bryan, C. J.
y Rudd, M. D. (2018). *Brief Cognitive-Behavioral Therapy for Suicide Prevention*. Nueva York:
Guilford Press.

Para los autores es importante apoyar a las personas en una crisis, de manera que puedan controlar sus emociones y tomar decisiones sobre qué
hacer para reducir las conductas asociadas al suicidio; en cambio, no están
de acuerdo en las intervenciones institucionales que a veces obligan a las
personas a firmar un contrato o pacto de vida o una carta compromiso

de no intento, que en ocasiones puede servir para aliviar la tensión en el profesional de salud que puede también sentir ansiedad de que la persona pueda morir mientras está en tratamiento. Los autores mencionan que este tipo de intervenciones afectan la alianza terapéutica, así como los resultados del tratamiento. Son las personas las que pueden aprender habilidades para prevenir estas crisis y saber qué hacer cuando perciben el peligro.

Desde el modelo de psicoterapia cognitivo conductual, proponen una intervención de 12 sesiones, cada una con sus propios objetivos. La intervención está compuesta de tres fases:

a) Primera fase. Elaborar plan de respuesta ante la crisis, consejería de restricción de medios, control de estímulos para la higiene del sueño, entrenamiento en habilidades para la relajación, entrenamiento en habilidades de *mindfulness* conciencia plena, y un paquete o lista de supervivencia o de razones para vivir.
b) Segunda fase. Trabajar con formatos ABC, una hoja de preguntas que desafíen las distorsiones cognitivas, una hoja de trabajo donde se expliquen los patrones problemáticos de pensamiento, activación conductual y tarjetas de afrontamiento.
c) Tercera fase. Intervención de prevención de recaídas.

Los autores señalan que los conceptos básicos con los que debe contar un psicólogo para poder brindar un modelo de terapia cognitivo conductual breve involucra tres habilidades de la práctica clínica: *a)* el entrenamiento y la supervisión en terapia cognitiva y conceptualización de los casos, *b)* entrenamiento básico en teoría del aprendizaje y *c)* entrenamiento y supervisión en entrevista motivacional (Miller y Rollnick, 2000).

Una de las aportaciones más importantes de la terapia breve es la evaluación narrativa, en donde el clínico invita al paciente a que cuente su historia sobre el intento suicida más reciente, tratando de capturar los detalles de lo que pasó e incorporando los elementos cognitivos, emocionales, fisiológicos y conductuales. El clínico empieza a identificar las variables proximales y distales que se fueron conjugando en la última crisis y que podrían representar elementos a considerar para poder prevenir una crisis en el futuro. El clínico también puede usar la figura 1 para ayudar a la persona a identificar los factores predisponentes, detonadores, y los cuatro dominios que se activan cuando las emociones son muy intensas (el *modo suicida*), los cuales se puede aprender a identificar tempranamente y a desactivar.

El plan de respuesta ante una crisis implica que las personas aprendan a identificar señales de alerta individuales; que adquieran habilidades para el manejo de las emociones, el cambio de pensamientos, la identificación del grupo de apoyo social, y que elaboren una lista de profesionales que podrían serles de ayuda. Las personas toman un papel activo anotando ellas mismas su plan de acción ante una crisis, usando tarjetas blancas que puedan llevar todo el tiempo para estar preparadas. Después de esta primera sesión, el clínico se dedica a entrenar a la persona en técnicas para reducir la sintomatología depresiva, la ansiedad o la agitación, el enojo, mejorar el sueño, mejorar las relaciones interpersonales, incrementar la energía, reducir el consumo del alcohol, mejorar el autoconcepto y adquirir habilidades para el manejo del estrés. Una acción importante es utilizar el modelo de entrevista motivacional para eliminar los medios con los que la persona podría hacerse daño, como armas, objetos punzocortantes o medicamentos.

La segunda gran aportación de esta intervención es la lista de razones para vivir, el "kit de supervivencia"; el clínico debe explicar que cuando se activa el modo suicida, existe un sesgo atencional que hace que la persona olvide aquellas cosas que la hacen sentir con ganas de vivir, que le dan alegría, que se alinean con sus valores y hacen que todos los días mantenga la creencia de que vivir vale la pena.

Además de estas dos aportaciones, el resto del tratamiento funciona de forma parecida a lo que propone Judith Beck (2000), cuyo tratamiento se ha convertido en el estándar con enfoque cognitivo conductual, en el que la habilidad más importante es la reestructuración cognitiva, es decir, el cambio de pensamientos. Para ello se usa el formato creado por Ellis y Grieger (1986), con el cual las personas aprenden a identificar eventos activadores, creencias y consecuencias, tanto emocionales como conductuales y fisiológicas. La reestructuración cognitiva se hace utilizando el debate socrático, que los autores llaman *preguntas desafiantes*, y sustituyen el concepto de *distorsiones cognitivas* por *patrones problemáticos de pensamiento*. Por último, no olvidan la importancia de la activación conductual de la que hablaron Lewinsohn y Graf (1973) y Burns (2000), con el concepto de *distorsión en la protección de la satisfacción*.

Finalmente, este modelo cierra con una tercera aportación retomada del modelo de entrevista motivacional, en el que se explica a las personas que las recaídas son parte del proceso de recuperación y son experiencias útiles para identificar variables que no se habían tomado en cuenta o que tienen una repercusión mayor a la que se había considerado. Se trata de infundir esperanza a las personas, pero reconociendo que las recaídas son un día malo o un mal rato, y no la confirmación de que son incapaces de cambiar. Este modelo ha sido ampliamente probado con diferentes poblaciones en Estados Unidos, particularmente con miembros del ejército.

Solución de problemas basados en la emoción

En las décadas de 1970 y 1980, Christine y Arthur Nezu (2018) difundieron ampliamente una metodología denominada técnica de solución de problemas. Con ella entrenan a las personas para seguir cinco pasos útiles para resolver casi cualquier problema:

1. Identificar el problema
2. Identificar las posibles soluciones
3. Hacer un análisis de ventajas y desventajas de cada una
4. Elegir la mejor opción con base en el contexto y las circunstancias
5. Evaluar cómo funcionó dicha solución

En la última década, estos autores se han acercado a la problemática de las conductas asociadas al suicidio y han propuesto una adaptación de dicha técnica; en este modelo se toman en cuenta las emociones y se orienta a las personas para que entiendan qué pasa cuando ocurre lo que ellos denominan *sobrecarga cognitiva* (véase figura 2).

Para los autores, esta sobrecarga cognitiva implica la activación de la desesperanza en dos sentidos: desesperanza individual con pensamientos como "no hay nada que yo pueda hacer", "no vale la pena", "de qué sirve", y desesperanza relacionada con el apoyo social, por ejemplo, "no hay nadie que se interese en mis problemas", "nadie que me pueda ayudar", "estaría mejor muerto que vivo".

Los autores proponen emplear este modelo gráfico para ayudar a los pacientes a comprender que cuando ocurre un evento estresante y no utilizan la técnica de solución de problemas, se sienten sobrecargados, las emociones comienzan a intensificarse (especialmente la tristeza) y esto puede llevarlos a la ideación suicida. La idea central de estos autores es entrenar a las personas en la técnica de solución de problemas, pero sobre todo, ayudarlas a que hagan una reestructuración cognitiva en relación con la sobrecarga emocional que los lleva a la desesperanza. El objetivo es que las

personas identifiquen que esta visión de túnel es rígida y que probablemente están ignorando otros recursos y habilidades con los que cuentan.
Se pone énfasis en que la sensación de sobrecarga es pasajera y que pueden
aprender a tomar distancia de esta activación emocional y cognitiva intensa, recurrir a su repertorio de habilidades o acercarse a su red de apoyo para
pedir ayuda.

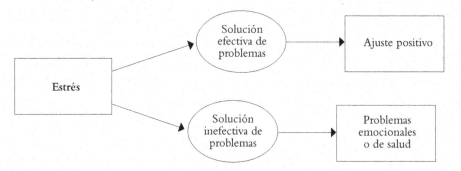

Figura 2. Soluciones para la carga cognitiva.

Plan de seguridad

Después de trabajar con veteranos del ejército estadounidense, Stanley y
Brown, en el año 2012, proponen generar un plan de seguridad y explicar
a los pacientes en qué consiste la curva de riesgo, como una forma de intervención que involucra a las personas en peligro y las deja en una mejor
posición para afrontar una situación de crisis. Estos autores están en contra
de los contratos o pactos de vida, en los que se les pide a los pacientes que
firmen que no se harán daño mientras continúan en el tratamiento. Se ha
visto que este tipo de documentos no son efectivos; le dan tranquilidad a
la institución y al profesional de la salud, pero dejan a la persona con una
sensación de contar con pocas estrategias para poder afrontar una crisis.

Por ese entonces (véase figura 4 y anexo 2), hicieron publica la efectividad de hacer intervención en crisis acompañados de este formato, que
incluye seis componentes: el primero es ayudarle a la persona a identificar
cuáles son las señales de alarma de que ya está regresando con intensidad
la ideación suicida, y si esta ideación se deriva de alguna emoción, pensamiento, cambio en el rol que desempeñaba la persona, trastornos del sueño,
incremento de la agitación o consumo de sustancias. Esta mirada permite

asociar las ideaciones suicidas con otro tipo de conductas que también generan recaídas para que se puedan identificar tempranamente.

El segundo componente requiere que la persona recuerde que cuenta con estrategias internas para afrontar una crisis; suelen estar relacionadas con la distracción. Los pensamientos asociados al suicidio pueden convertirse en un patrón casi obsesivo que hay que aprender a identificar y del que es posible distraerse (sin promover la evitación) realizando actividades individuales potencialmente agradables; por ejemplo, ejercitarse, hacer respiraciones profundas, practicar la relajación o buscar una tarea cognitiva que demande atención y sea agradable.

El tercer componente invita a tener una lista de contactos y escenarios sociales que proporcionen distracción, sin que impliquen una interacción social significativa. Esto quiere decir que la persona debe tener opciones para acercarse a lugares de esparcimiento y realizar actividades relacionadas con sus intereses, pudiendo ser de orden religioso, cultural o de bienestar. Podemos observar que esta lista incorpora activación conductual y propicia el fortalecimiento de las redes de apoyo.

Si los anteriores componentes no son suficientes, entonces será momento de pasar al cuarto componente, orientado a ayudar a la persona a pensar quién podría ser un contacto social significativo para entablar una conversación, de preferencia en vivo, y que pueda escucharlo sin avergonzarlo, sin juzgarlo ni regañarlo; que pueda ser empático, comprensivo y tener capacidad para solucionar problemas. En esta lista podría encontrarse algún familiar o algún amigo cercano.

El quinto componente trabaja con los recursos del paciente para acercarse a profesionales de la salud mental o a agencias que podría contactar durante una crisis. Esto incluye números telefónicos de emergencias para obtener intervención, o una psicoterapia de sesión única. Esta estrategia se utiliza cuando la persona no puede esperar a su siguiente sesión de psicoterapia. Finalmente, el paciente también tendrá que considerar que podría estar indicado que se fuera directamente al área de urgencias de un hospital, en caso de que el riesgo sea muy importante o necesite supervisión durante 24 horas.

Los autores sugieren conversar con la persona sobre cómo puede hacer más seguro su entorno, alejando de ella armas, medicamentos, objetos punzocortantes o cualquier otro instrumento con el que podría llegar a hacerse daño. Esta intervención cuenta con diferentes recursos para que los profesionales de la salud mental puedan observar juegos de roles y aprender a implementar esta estrategia. Una versión de estos juegos de roles en español puede encontrarse en la siguiente liga: https://youtu.be/UQQIdgR-w9A

Para terminar este apartado, se sugiere incluir dentro del plan de seguridad una lista de las razones para vivir. Cuando el malestar emocional es muy intenso, las personas olvidan qué cosas los hacen sentir vivos, que la vida vale la pena de ser vivida, o quiénes son importantes para ellos. Ejemplos de estos reactivos sobre razones para vivir podrían encontrarse en el trabajo de Linehan (2014).

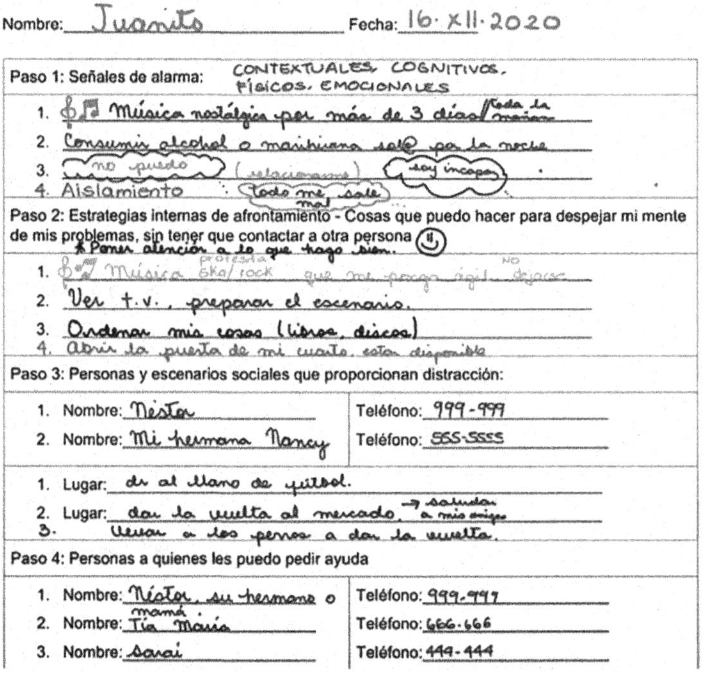

Nombre: Juanito Fecha: 16·XII·2020

Paso 1: Señales de alarma: CONTEXTUALES, COGNITIVOS, FÍSICOS, EMOCIONALES

1. Música nostálgica por más de 3 días / toda la mañana
2. Consumir alcohol o marihuana solo por la noche
3. no puedo (relacionarme) soy incapaz .
4. Aislamiento : todo me sale mal

Paso 2: Estrategias internas de afrontamiento - Cosas que puedo hacer para despejar mi mente de mis problemas, sin tener que contactar a otra persona
* Poner atención a lo que hago bien.

1. Música ska/rock protesta que me ponga ágil no dejarse
2. Ver t.v., preparar el escenario.
3. Ordenar mis cosas (libros, discos)
4. Abrir la puerta de mi cuarto, estar disponible

Paso 3: Personas y escenarios sociales que proporcionan distracción:

1. Nombre: Néstor Teléfono: 999-999
2. Nombre: Mi hermana Nancy Teléfono: 555-5555

1. Lugar: Ir al llano de futbol.
2. Lugar: dar la vuelta al mercado. → saludar a mis amigos
3. Llevar a los perros a dar la vuelta.

Paso 4: Personas a quienes les puedo pedir ayuda

1. Nombre: Néstor, su hermano o mamá. Teléfono: 999-999
2. Nombre: Tía María Teléfono: 666-666
3. Nombre: Sarai Teléfono: 444-444

Figura 3. Ejemplo de Plan de seguridad.

Terapia dialéctico conductual para autolesiones no suicidas

En la década de 1990 aparece una nueva propuesta de tratamiento para atender autolesiones no suicidas, principalmente relacionadas con el trastorno límite de la personalidad. Este trastorno se caracteriza por inestabilidad en la relaciones interpersonales, altos niveles de impulsividad y problemas en la regulación del afecto; normalmente se manifiesta desde la adolescencia y tiene mayor prevalencia en mujeres (APA, 2013). Aunque las autolesiones no suicidas están correlacionadas con el suicidio, en la mayoría de los casos las personas que las realizan están intentando escapar mediante el reforzamiento negativo de las emociones desagradables como la culpa, la vergüenza, el enojo y la tristeza (Chapman *et al.*, 2006). Especial atención merece la amenaza de abandono, porque se ha visto que estas personas tienden a idealizar y devaluar sus afectos significativos en un periodo de tiempo reducido.

Varios modelos explican la necesidad de que estas personas reciban atención psicoterapéutica, pero es Linehan (1993) quien desarrolla un programa de tres componentes: psicoterapia individual, psicoterapia de grupo y coaching telefónico. El elemento más importante de esta aproximación es *comprender*, a diferencia del enfoque de la psicoterapia cognitivo conductual, más orientado a controlar, reducir o eliminar conductas, síntomas físicos o cogniciones. Linehan (2014) propone que la psicoterapia para este tipo de pacientes solo funciona si se reconoce que el individuo tiene características que hay que aceptar y con las que hay que aprender a vivir, introduciendo así el concepto de *aceptación incondicional* (que no es una resignación) y reconociendo que las personas también pueden adquirir habilidades y cambiar su forma de reaccionar (véase figura 4). Al intentar encontrar este balance, el autor introduce los cuatro componentes del tratamiento y un programa manualizado de aproximadamente 17 sesiones (Linehan, 2003), en el cual las personas obtendrán información y practicarán una serie amplia de habilidades. Vale la pena mencionar que estas habilidades tienen como base la teoría del aprendizaje, la psicoterapia cognitivo conductual, la terapia de exposición y el *mindfulness*.

Figura 4. Módulos de la Terapia dialéctico conductual (Linehan, 2014).

Caso clínico

Hombre de 22 años, soltero, estudiante universitario de clase socioeconómica baja. El segundo de tres hijos. Presenta síntomas de depresión que no había sido atendida y un intento de suicidio con medicamentos que requirió hospitalización después de haber terminado con su pareja. Tiene antecedentes de consumo de sustancias. Refiere realizar deporte ocasionalmente, futbol, con sus vecinos. Recientemente presenta una baja significativa en el desempeño académico. Consumo ocasional de marihuana.

Intervención

En este caso, el joven se presenta una semana después de haber sido dado de alta por hospitalización después de un intento suicida con medicamentos. Con él se decide utilizar el plan de seguridad, el cual se tiene impreso para irlo rellenando juntos (véase anexo 2).

Es importante señalar que, si bien el plan de seguridad está diseñado para utilizarse inmediatamente después de un intento suicida, también incluye elementos que las personas pueden aprender a identificar y habilidades que pueden emplear de por vida.

El plan de seguridad no es un contrato de vida, sino un conjunto de habilidades para que el paciente, en este caso, emplee el "Conócete a ti mismo" y "Nada en demasía", de manera que pueda regular el malestar emocional. También se pretende que tenga a la mano este plan, porque cuando la emoción es muy intensa y la desesperanza llega, las personas pueden sentir que no tienen herramientas para afrontar una crisis, y que no hay personas alrededor que estén disponibles para ayudarlos. Además, el plan de seguridad puede ser tan útil al igual que otras intervenciones, como la lectura de las razones para vivir que incluye Judith Beck (2017), quien considera que tener a la mano estas frases puede ayudar al paciente en el día a día.

Se comienza tratando de identificar cuáles son las señales de alerta que el joven refiere como primeros indicadores de una recaída en la sintomatología depresiva. La primera de estas es el aislamiento, durante el cual escucha música que reproduce hasta tres días seguidos, la cual suele ser nostálgica y congruente con sus pensamientos de desesperanza. En un primer momento se le sugiere estar atento al modo en que elementos de su contexto, como la música y el aislamiento, son un terreno fértil para empezar a utilizar la rumiación cognitiva con mayor frecuencia e intensidad, y la importancia de reducir los ratos que pasa solo. Además, se le instruye para que identifique cómo otros tipos de música, con distinto ritmo y melodía y otro componente cognitivo, de mayor activación y percepción de agencia personal, logra cambiar su afecto.

Se determina con el paciente que esté atento a un incremento en su consumo de alcohol o sustancias, especialmente cuando está solo. La intención es que intente conectar con la emoción que lo impulsa al consumo antes de que este ocurra.

El paciente logra identificar que hay algunos pensamientos muy puntuales que activan el malestar emocional: "no puedo", "soy incapaz", "todo me sale mal". Será importante notar cuándo estos se empiezan a activar y tomar medidas de distracción mientras avanza el proceso de psicoterapia, donde se trabaja en la reestructuración cognitiva y en comprender las distorsiones del pensamiento.

Un elemento importante del plan de seguridad es concienciar a las personas sobre la importancia de la distracción (esto en un primer momento, ya que en la sesiones de psicoterapia se profundizará en que la distracción no se convierta en una evitación emocional). En este primer momento es suficiente con que la persona identifique la necesidad de detener el flujo de pensamientos distorsionados, de emplear actividades potencialmente agradables para tomar distancia, adquirir perspectiva, darse cuenta de que los pensamientos y algunas conductas facilitan las recaídas en la sintomatología depresiva y de que es necesario monitorearlas para evitar que se vuelvan frecuentes.

Como estrategias internas de afrontamiento, que es el segundo componente del plan de seguridad, el paciente logra identificar que ocasionalmente hace cosas bien, y que utilizar un pensamiento que minimice sus logros no es efectivo.

Otra estrategia de afrontamiento es que el paciente identifique el tipo de música que escucha. Él sugiere que la música de protesta lo activa, lo moviliza, y el mensaje que le transmite es de afrontar, de no darse por vencido; percibe que el hecho de cambiar la estimulación musical también activa otro flujo de pensamientos más adaptativos.

En otra estrategia de afrontamiento interna, el paciente identifica que al hacer cambios en el contexto, es decir, utilizando el control de estímulos, puede alterar su ambiente, y esas modificaciones impactan su estado afectivo. Tener la puerta abierta para mostrar disponibilidad de iniciar una conversación con los miembros de su familia parece un gesto simple, pero es una estrategia que puede emplear para no enfrascarse en el aislamiento.

Es útil demostrar disponibilidad para compartir los alimentos, salir a caminar o solo conversar sobre cuestiones cotidianas; estas acciones rompen el patrón de aislamiento y la rigidez de la inactividad, propia de la sintomatología depresiva. Finalmente, el paciente identifica que arreglar sus libros, sus materiales y tener un espacio dispuesto para sentirse más cómodo y feliz logran un cambio en su estado de ánimo.

El tercer componente incluye identificar, junto con el paciente, los espacios y personas con las que puede establecer un contacto significativo. El paciente recuerda que tiene un amigo, cuya familia suele ser bastante cálida y abierta a la comunicación. También identifica a su hermana como una persona que lo escucha, con la que puede conversar y que suele estar disponible.

Entre los espacios que le proporcionan distracción, identifica que disfruta salir al mercado, a pasear a sus perros y a platicar con conocidos que tienen puestos, con los que puede tener conversaciones agradables. Finalmente, acudir al llano a jugar futbol o, incluso, sentarse en la banca con sus amigos le resulta muy útil y sustituye la rumiación en el aislamiento.

El cuarto paso incluye identificar a personas a las que puede pedir ayuda; entre ellas se encuentra su amigo, quien lo ha apoyado en anteriores ocasiones; así como su madre, quien siempre lo recibe en casa y lo invita a compartir los alimentos. Una tercera posibilidad es una tía que puede hablar con él de forma sincera, que lo escucha pero también le aconseja cómo afrontar o manejar el malestar emocional.

Por último el paciente identifica a los profesionales de la salud a los que podría llamar en caso de una emergencia, aquellos que estén disponibles y en posibilidad de escucharlo o darle indicaciones en caso de una emergencia.

La última parte del plan de seguridad tiene que ver con revisar de forma global cada uno de los pasos y verificar si son viables, si es necesario agregar algún elemento adicional o si algunos componentes pueden corregirse para elevar las probabilidades de que las estrategias se lleven a cabo en un momento de crisis.

En este caso, el paciente logra identificar que, en ocasiones, utiliza las conductas asociadas al suicidio para intentar castigar a su familia o porque no sabe cómo comunicarles su malestar emocional después de una pelea con ellos, por lo cual es importante, como estrategia interna, que ponga atención a cuando esté muy molesto y necesite tomar distancia de su familia y comunicarlo, utilizando como estrategia el tiempo fuera.

Referencias

APA, Asociación Estadounidense de Psiquiatría (2013). *Manual diagnóstico y estadístico de los trastornos mentales: DSM-5.* Ciudad de México: Editorial Médica Panamericana.

Beck, J. (2017) *El método Beck para adelgazar: Entrene su mente para pensar como una persona delgada.* Ciudad de México: Gedisa.

Beck, J. (2000). *Terapia cognitiva: Conceptos básicos y profundización.* Ciudad de México: Gedisa.

Bryan, C. J., Stone, S. L. y Rudd, M. D. (2011). A Practical, Eevidence-Based Approach for Means-Restriction Counseling with Suicidal Patients. *Professional Psychology: Research and Practice, 42*(5), 339.

Bryan, C. J. y Rudd, M. D. (2018). *Brief Cognitive-Behavioral Therapy for Suicide Prevention.* Nueva York: Guilford Press.

Burns, D. (2000). *Sentirse bien: una nueva terapia contra las depresiones.* Barcelona: Paidós.

Chapman, A. L., Gratz, K. L. y Brown, M. Z. (2006). Solving the Puzzle of Deliberate Self-Harm: The Experiential Avoidance Model. *Behaviour Research and Therapy, 44*(3), 371-394.

Diefenbach, G. J., Rudd, M. D., Merling, L. F., Davies, C., Katz, B. W. y Tolin, D. F. (2021). Brief Cognitive-Behavioral Therapy for Suicidal Inpatients. *Cognitive and Behavioral Practice, 28*(2), 224-240.

Ellis, A. y Grieger, R. M. (Eds.) (1986). *Handbook of Rational-Emotive Therapy, Vol. 2.* Nueva York: Springer Publishing Company.

Lewinsohn, P. M. y Graf, M. (1973). Pleasant Activities and Depression. *Journal of Consulting and Clinical Psychology, 41*(2), 261.

Linehan, M. (1993). *Skills Training Manual for Treating Borderline Personality Disorder.* Nueva York: Guilford press.

Linehan, M. M. (2003). *Manual de tratamiento de los trastornos de personalidad límite.* Barcelona: Paidós.

Linehan, M. (2014). *DBT Skills Training Manual.* Nueva York: Guilford Press.

Miller, W. R. y Rollnick, S. (2000). *La entrevista motivacional.* Barcelona: Paidós.

Nezu, A. M., Nezu, C. M., Stern, J. B., Greenfield, A. P., Diaz, C. y Hays, A. M. (2017). Social Problem-Solving Moderates Emotion Reactivity in Predicting Suicide Ideation among US Veterans. *Military Behavioral Health, 5*(4), 417-426.

Nezu, A. M. y Nezu, C. M. (2018). *Emotion-Centered Problem-Solving Therapy: Treatment Guidelines.* Nueva York: Springer Publishing Company.

Rudd, M. D. (2012). Brief Cognitive Behavioral Therapy (BCBT) for Suicidality in Military Populations. *Military Psychology, 24*(6), 592–603.

Stanley, B., Brown, G. K., Karlin, B., Kemp, J. E. y VonBergen, H. A. (2008). *Safety Plan Treatment Manual to Reduce Suicide Risk: Veteran Version.*

Stanley, B. y Brown, G. K. (2012). Safety Planning Intervention: a Brief Intervention to Mitigate Suicide Risk. *Cognitive and Behavioral Practice, 19*(2), 256–264.

Wenzel, A., Brown, G. K. y Beck, A. T. (2009). *Cognitive Therapy for Suicidal Patients: Scientific and Clinical Applications.* Washington, D.C.: American Psychological Association.

Capítulo 7

Guardianes para la prevención del suicidio

Carolina Santillán Torres-Torija
y Luz de Lourdes Eguiluz Romo

La experiencia implementando, desde 2013, una estrategia para atender la salud mental de las y los universitarios, específicamente relacionada con las crisis, las emergencias y la conducta suicida, nos dejó muy satisfechas. Sin embargo, la proporción de estudiantes que se acercaban a pedir apoyo psicológico seguía siendo baja, de acuerdo con lo que la bibliografía y el examen médico nos reportaba.

A partir del quinto semestre los estudiantes universitarios comienzan a hacer prácticas que los acercan a comunidades, centros de salud, escuelas y clínicas, y empiezan a tener contacto con personas que recientemente han sido diagnosticadas, que están hospitalizadas, que padecen una enfermedad grave o que carecen de acceso a servicios de salud altamente especializados; en estos casos nuestros estudiantes podrían, una vez alfabetizados en salud mental, detectar oportunamente a personas en riesgo suicida.

Derivado de los diversos programas implementados en otros países de *Gatekeepers* (Terpstra *et al.*, 2018; Isaac *et al.*, 2009; Teo *et al.*, 2016, Reilly *et al.*, 2013) y del documento que presentó la Organización Mundial de la Salud (oms, 2014) —en donde se menciona la figura del *guardián* como alguien con adiestramiento especial para ayudar o canalizar a otros hacia servicios de ayuda, ya sea de consejería, psicoterapia o psiquiatría— los guardianes están en todos lados y ya fungen como personas que tienen contacto cara a cara con individuos que podrían manifestar cambios en el afecto o en la conducta, o que manifiestan expresiones directas de desesperanza, ideación o plan estructurado de suicidio.

Los primeros respondientes, como el personal médico, trabajadores sociales, maestros, funcionarios educativos, personal militar, bomberos y policías, así como líderes comunitarios o religiosos, están en la posición idónea para recibir un entrenamiento especializado que les permita identificar señales tempranas que podrían salvar vidas. También son candidatos al entrenamiento los padres y madres de familia y, por supuesto, nuestros estudiantes, que se forman para convertirse en profesionales de la salud. Ser guardián implica grandes retos, derivados de la forma todavía imperante de considerar la salud mental como algo diferente de la salud física. Muchas personas que no han tenido la oportunidad de tener formación en salud mental, continúan perpetuando una serie de mitos al respecto; por ejemplo, que la depresión es una cuestión de fuerza de voluntad. Gracias a la neuropsicología podemos obtener evidencia empírica para formar a los guardianes usando imágenes (tomografía por emisión de positrones), de manera que los participantes puedan visualizar un cerebro que no tiene depresión y compararlo con otro que sí la tiene. Podemos demostrar que la depresión en el corto plazo afecta la capacidad para concentrase, tomar decisiones, recordar, organizar la información y aprender (Cartreine, 2016) y, cuando no es atendida tempranamente, podría derivar en un deterioro cognitivo en el largo plazo. También podemos discutir con los participantes algunos estudios relacionados con la economía del individuo deprimido. Les mostramos evidencia empírica de que un colaborador con sintomatología depresiva sufre repercusiones tanto en la salud física como en el rendimiento laboral (Lester y Yang, 1997).

Los hallazgos de los entrenamientos para guardianes han demostrado que contar con mayores conocimientos sobre las bases biológicas de la sintomatología depresiva, entre otros trastornos mentales, ayuda a vencer el estigma. Además, utilizar intervenciones como la entrevista motivacional (en donde se entrena a las y los participantes para tener conversaciones que validen las emociones y se movilice a la acción) eleva las probabilidades de que las personas busquen ayuda en el corto plazo. Este tipo de intervenciones refuerzan la autonomía y la independencia de las personas y se alejan del modelo patriarcal del cuidado de la salud (Britton *et al.*, 2011; 2016; Hoy *et al.*, 2016). Además, los participantes, lejos de sentir distrés relacionado con abordar estas temáticas en familia, en el salón de clases o en cualquier escenario donde sea urgente la intervención, refieren mayor autoeficacia en sus habilidades (McKay *et al.*, 2022).

Descripción de la intervención

Idealmente la intervención está pensada como un taller de tres horas en el que se convoca a las personas interesadas a un programa que podría incluir

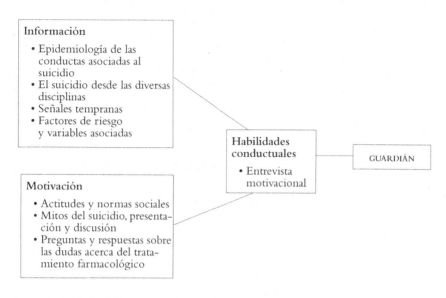

Figura 1. Modelo de intervención para los guardianes en la prevención del suicidio.

tres componentes: información, motivación y habilidades conductuales (Fisher *et al.*, 2003; Santillán *et al.*, 2015) (véase figura 1).

El componente informativo incluye una charla de una hora con datos relativos a la epidemiología psiquiátrica con énfasis en las conductas asociadas al suicidio. En esta fase se usa la infografía que ofrece la oms: *Suicidio: Hechos y datos* este material comparte un mensaje final de optimismo que señala que la mayoría de las conductas asociadas al suicidio pueden prevenirse. También aprovechamos para sensibilizar a las y los participantes sobre la edad del debut de conductas como las autolesiones no suicidas. Se enfoca la mirada hacia las conductas asociadas al suicidio desde las diferentes disciplinas: la sociología, la economía, la medicina, el derecho, la educación y la psicología. Además, se brinda a los participantes información sobre factores de riesgo y variables asociadas al suicidio desde una perspectiva de psicoterapia cognitivo conductual y de terapia familiar sistémica. Se exponen los síntomas de la depresión, el *continuum* de la conducta suicida (ideación, planeación, instrumentación, intento) y algunas señales y poblaciones de más alto riesgo (migrantes, personas con alguna enfermedad grave, personas que pertenecen a la comunidad de la diversidad sexual, estudiantes víctimas de acoso, personas que hayan pasado por un intento previo con reacción negativa a este, personas con riesgo de desarrollar un ataque escolar, personas con alto nivel de endeudamiento o con pertenencia fallida, personas con un trabajo muy estresante o que perdieron recientemente a un amigo o familiar por suicidio, entre otras). Por último, se discuten los mitos relacionados con el suicidio utilizando información provista por la campaña Suicidio #hablemos, creada por la Organización Panamericana de la Salud.

Recuperando el modelo de Pregunta, persuade y refiere (Quinett, 1995) y el de la American Psychiatric Association: "¿Típico o problemático?" (2006), incorporamos las tres acciones que un guardián está en posibilidad de realizar: *a)* notar señales tempranas (componente informativo y actitudinal), *b)* iniciar la conversación y *c)* tomar acción (habilidades conductuales) (APA, 2006).

Con los años, esta intervención se ha enriquecido con la posibilidad de evaluar los conocimientos de los participantes al comenzar y al finalizar el taller, utilizando instrumentos con buenas propiedades psicométricas que han mostrado altos índices de confiabilidad y validez (Barrueto *et al.*, 2017) y que hemos replicado en población mexicana.

Una vez que los participantes cuentan con toda esta información, se otorga tiempo para escuchar preguntas y respuestas, y discutir cada uno de los mitos sobre las actitudes que pueden tener los participantes respecto a pedir apoyo psicológico, o hablar sobre la importancia de referir al servicio de psiquiatría casos con sintomatología grave, antecedentes hereditarios e intentos previos.

Adicionalmente, esta intervención intenta promover un cambio en las normas sociales y las actitudes hacia la atención psicológica, los trastornos mentales y la atención psiquiátrica. Es decir, hemos encontrado que tal como lo reporta la bibliografía, existe miedo a abordar estas temáticas, ya que algunas personas creen que iniciar estas conversaciones podría propiciar la conducta suicida, o bien que hablar del suicidio es equivalente a alentar o dar permiso a los jóvenes para cometerlo.

El suicidio es un tema tabú que se esconde, pues avergüenza a la comunidad y suele ser condenado por las creencias religiosas como una conducta "mala". Lo más frecuente, tanto para la población como para los profesionales de la salud, ha sido evitar hablar de este tema, a pesar de las preocupantes cifras de ocurrencia a nivel mundial, que no dejan de incrementarse. Por ello es importante que el guardián se forme para convertirse en un miembro de la comunidad que muestre apoyo a quien esté en riesgo. Sin regañar, avergonzar o evitar el tema, el guardián debe poder ayudar a la persona que manifiesta conductas de riesgo a que perciba que su grupo de apoyo social está interesado en que se atienda y la puede motivar, apoyar y acompañar para cumplir su tratamiento.

En este sentido, uno de los planteamientos o argumentos centrales de la intervención es que las personas nos debemos cuidar unas a otras. Reforzamos esta característica de la cultura mexicana de involucrarnos en el cuidado de los demás, afirmando su autonomía pero mostrándoles que cuentan con apoyo, y con la validación de que la salud mental tiene un componente biológico; en cualquier caso, la manera en que la familia y el entorno responden ante una cuestión de riesgo es fundamental en su pronóstico. Por lo tanto, en este segundo componente se intenta tener una conversación abierta y honesta sobre salud mental.

Finalmente, el componente central son las habilidades conductuales que pueden adquirir las y los participantes. Para ello, se utiliza la Entrevista Motivacional de Miller y Rollnick (2000); se trata de un modelo no directivo, de escucha activa, que entiende que el cambio es progresivo y que es necesario que la persona sienta aceptación incondicional; esto permite al guardián trabajar con la ambivalencia de las personas que, por un lado, consideran que necesitan ayuda pero, por otro, creen que ya es muy tarde para recibirla, o que ellas pueden recuperase por sí mismas.

Algunas de las habilidades que se incluyen son las siguientes: *a)* identificar la etapa del cambio en la que se encuentra la persona; *b)* tratar de identificar en qué medida la persona reconoce que tiene un problema (pérdida del interés o placer en las cosas que antes disfrutaba, ánimo triste la mayor parte del día, incremento en el consumo de sustancias, insomnio, desesperanza, desregulación emocional, entre otras); *c)* explorar el nivel de preocupación por los síntomas que está presentando a partir de una pérdida (en el caso de los estudiantes, de una relación amorosa o por conflictos con sus padres); *d)* intentar conocer el nivel de preocupación que las personas de su entorno tienen por la persona; *e)* conocer qué tanto piensa el sujeto en cambiar, en relación con buscar ayuda, analizar las ventajas de seguir igual versus recibir evaluación psicológica o psiquiátrica, y acercarse a la posibilidad de volver a estar con síntomas mucho más leves, funcionando mucho mejor en toda las áreas de su vida. Este es el trabajo que deberá hacer el/la guardián(a).

Adicionalmente se le ofrece al guardián una lista de preguntas para indagar directamente la presencia (aunque sea pasiva) de conductas asociadas al suicidio, obtenidas de la Primera Sesión en español de Ferrando, *et al.* (2000, p. 7):

- ¿Has pensado que estarías mejor muerto?
- ¿Has querido dormirte y no despertar?
- ¿Has querido hacerte daño?
- ¿Has pensado en el suicidio?
- ¿Has planeado suicidarte?
- ¿Has intentado suicidarte?
- ¿A lo largo de tu vida alguna vez has intentado suicidarte?

Esta intervención, junto con las herramientas que provee la entrevista motivacional, se encarga de "iniciar la conversación" con un modelo que ha demostrado ser eficaz para promover el cambio de una infinidad de conductas relacionadas con la salud.

Por último, pero no por eso menos importante, los guardianes apoyarán a las personas a generar un directorio de especialistas que sean capaces de tomar los casos tanto a nivel público como privado. Los guardianes ya contarán con un directorio de servicios institucionales federales, asociaciones civiles y servicios que ofrecen algunas de las universidades, tanto de forma presencial como remota, pero una de sus tareas será indagar si en la comunidad existen psicólogos altamente especializados en las conductas asociadas al suicidio y a autolesiones no suicidas, e incluir a profesionales de la psiquiatría con un entrenamiento similar para trabajar de forma multidisciplinaria.

En muchas ocasiones, por cuestiones institucionales en la disposición del tiempo, logramos abordar en un formato breve el componente de información y motivación. Cuando hay facilidades, podemos incorporar el componente de habilidades conductuales con un juego de roles, en el que los participantes entablan una conversación sobre un caso hipotético. El taller completo puede encontrarse en video (véase Santillán, 2017).

A partir del 2016 se ha logrado implementar el componente de información y motivación a más de 14 mil personas, principalmente en la Facultad de Estudios Superiores Iztacala de la UNAM, y en los Colegios de Ciencias y Humanidades de la misma institución. Otras organizaciones civiles, instituciones educativas públicas y privadas, centros de salud y hospitales han recibido esta capacitación; por ejemplo, el Instituto de la Juventud de la Ciudad de México, el Hospital de Naucalpan de la Salud Visual, el Hospital General de Atizapán, la organización sin fines de lucro Amnistía Internacional, la Escuela Sierra Nevada campus San Mateo, la Unidad Profesional Interdisciplinaria de Ingeniería y Ciencias Sociales y

Administrativas (UPIICSA) del Instituto Politécnico Nacional y la Universidad Autónoma Metropolitana Campus Santa Fe, entre otras.

Vale la pena mencionar que después de una muerte por suicidio en sus planteles, algunas escuelas secundarias nos han pedido hacer alguna intervención con los estudiantes, familiares y docentes. En este sentido, y con base en nuestra experiencia previa en el tratamiento del trastorno por estrés postraumático, es muy importante señalar que será necesario dar psicoeducación sobre las reacciones esperadas después de una pérdida como esta, así como el componente de información y motivación para prevenir un efecto de contagio y aprovechar la desafortunada oportunidad para entrenarse como guardianes.

La propuesta de intervención sigue en desarrollo y tiene algunas deficiencias. La primera tiene que ver con poder ofrecer los tres componentes del programa para que verdaderamente se adquieran las habilidades conductuales del guardián. La segunda es poder hacer mediciones sistemáticas para obtener evidencia de los resultados de este modelo, así como tener claridad del efecto de cada instrumento sobre los conocimientos de depresión y autoeficacia. También sería importante incluir el enfoque de género para visibilizar las conductas asociadas al suicidio en mujeres como una forma de violencia autoinfligida. Finalmente, sería ideal hacer grupos focales para tener una idea más certera de las creencias, normas sociales y mitos que mantiene la población mexicana en relación con el suicidio, el tratamiento psicoterapéutico y el tratamiento psiquiátrico.

Una vez que se haya capacitado a los padres y madres de familia, docentes, estudiantes y primeros respondientes, el más importante de los pendientes relacionado con la propuesta de guardianes es contar con un directorio confiable de profesionales de salud mental que puedan atender a personas en riesgo con un tratamiento basado en la evidencia. La brecha entre la aparición de estas conductas y la canalización y tratamiento adecuado puede ser muy larga y, en ocasiones, tardía. Hay que poner especial atención en los profesionales de salud mental que trabajan en hospitales en el área de urgencias.

Se podría considerar impartir capacitaciones específicas a profesionales que trabajen con poblaciones de alto riesgo; por ejemplo, ginecólogos que atiendan mujeres después del parto, médicos oncólogos, psicólogos escolares, personas que colaboren en asociaciones o colectivos que atienden a personas de la diversidad sexual o con población migrante, personas que trabajen con mujeres víctimas de violencia o personal en el ministerio público que reciba a familias que han perdido recientemente a un miembro por suicidio.

Como nota final de este apartado, queremos mencionar que se hicieron adaptaciones en el modelo guardianes para el contexto mexicano: la primera se enfoca en entrenar en guardianes para detectar estrés postraumático en profesionales de la salud después del sismo de 2017, y la segunda se aplicó después de la pandemia de COVID-19 para identificar señales tempranas de depresión, incremento en el consumo de alcohol, duelo, trauma y suicidio, como lo señala la guía humanitaria de la OMS.

Formación de nuevos guardianes

Cuando se comprobaron las bondades de las charlas, el siguiente paso fue pedir apoyo institucional para entrenar a un grupo de voluntarios, egresados de la carrera de psicología, entrenados para atender emergencias psicológicas y que podrían conectar con otros jóvenes de forma idónea.

A partir del 2017, cada año se capacitó a 11 grupos de primer ingreso de la carrera de psicología y a 11 grupos de primer ingreso de la carrera de medicina de nuestra facultad. Esta intervención tenía dos objetivos: el primero era que los estudiantes en formación como profesionales de la salud fueran guardianes de su comunidad y, posteriormente, de las personas a las que iban a atender durante el servicio social; y el segundo, que fueran guardianes de sí mismos y de sus compañeros, porque estaban a punto de empezar la aventura de la universidad, que es una fuente de conocimiento inagotable pero que también implica sobrellevar la carga académica, los desencantos y las pérdidas que ocurren en el camino. De esta manera comenzamos a multiplicar la cantidad de guardianes y, poco a poco, más personas empezaron a acercarse a nosotros para llevar este modelo a sus comunidades en el interior de la república.

Para ello propusimos un protocolo. El primer paso fue compartirles la versión extensa incluida aquí, en las referencias, así como la versión breve de la charla, grabada con el apoyo de la Universidad Utel (Santillán, 2020). El segundo paso fue organizar los materiales que se convirtieron en un cuadernillo, el cual incluye una lista verificable de la información que deben recibir los asistentes a la charla, los mitos que hay que discutir con los asistentes, una breve explicación del modelo de entrevista motivacional, así como preguntas clave para explorar el reconocimiento del problema, el nivel de preocupación, la intención de cambiar y el optimismo. También se incluyen los síntomas más frecuentes de depresión.

Los guardianes que reciben este material junto con las diapositivas para presentarlo en una pantalla frente a un auditorio mandan sus preguntas, reciben acompañamiento mensual de nuestro equipo y graban la conferencia antes de impartirla, para supervisar el uso adecuado del lenguaje e identificar problemas de comprensión de la información, así como cuestiones relacionadas con la transmisión óptima del mensaje. Vale la pena mencionar que el cuadernillo incluye una sección de preguntas más frecuentes que hemos ido recabado con los años para que los guardianes tengan ideas sobre cómo responder preguntas especialmente difíciles.

Medición de la eficacia de la estrategia guardianes

Una de las cuestiones más importantes cuando se diseñan intervenciones es medir su eficacia. Para eso, revisamos la bibliografía sobre los instrumentos que miden la autoeficacia de las personas que reciben entrenamiento como guardianes. Entre estos se encuentran el cuestionario sobre la autopercepción de conocimientos y competencias de profesores en la prevención de conductas suicidas adolescentes pre y posintervención (Barrueto et al., 2017); la escala de evaluación del programa de entrenamiento para guardianes (Matthieu et al., 2008); algunos instrumentos relacionados con el tema, como el de Villalba et al. (2021), que evalúan los conocimientos y prácticas de médicos en un hospital universitario sobre la conducta suicida, y la escala de conducta para el guardián (Albright et al., 2016).

Para contar con un instrumento validado, útil para medir el nivel de conocimientos y competencias de las personas a las que estábamos capacitando, y conocer si había cambios estadísticamente significativos antes y después de recibir el entrenamiento, nos abocamos a conocer las propiedades psicométricas del cuestionario sobre la autopercepción de conocimientos y competencias de profesores en la prevención de conductas suicidas adolescentes de Barrueto y sus colaboradores (2017) en población mexicana.[1] Concluimos que este instrumento cuenta con las características

---

[1] Aplicamos este instrumento a 314 personas y utilizamos el paquete estadístico SPSS versión 21 para conocer la calidad psicométrica de la escala. En principio, encontramos que la escala presenta un coeficiente de confiabilidad alfa de Cronbach $\alpha = 0.722$. Posteriormente, se realizó un análisis factorial exploratorio de los 16 reactivos, utilizando un análisis de componentes principales con rotación varimax, y se encontró que los reactivos se agrupan con base en

psicométricas adecuadas para emplearlo en el futuro y medir la eficacia de nuestro entrenamiento en guardianes.

Cuestiones éticas del entrenamiento en guardianes

Es importante señalar que muchas de las charlas que hemos impartido a los jóvenes nos colocan en una posición que podría percibirse como un dilema ético. Hay jóvenes que nos comentan que tienen un amigo, compañero, vecino o familiar que les ha expresado el plan, la fecha y la manera como planea quitarse la vida. A este respecto, es muy importante señalar que cuando se trabaja con menores de edad los profesionales de salud mental hacemos excepciones al secreto profesional. Es nuestra obligación estar preparados para contestar preguntas difíciles y reivindicar la frase que dice "más vale perder la amistad que perder la vida". Por lo tanto, la recomendación para los guardianes es nunca dejar pasar señales tempranas. Aunque se discute exhaustivamente cuando se revisan los mitos sobre el suicidio, debemos aclarar que es muy diferente la información privada, de los secretos que no podemos guardar (Imber, 2000). De este modo, si en alguna intervención como guardianes, en una charla informal, en una clase, en una tarea, en un correo electrónico o en una consulta médica se detecta que un menor de edad manifiesta alguna conducta asociada al suicidio, es deber del profesional informar inmediatamente al padre, la madre, los cuidadores o las autoridades, así como documentar que se hizo todo lo posible para intentar impedir una muerte por suicidio.

Todo nuestro agradecimiento para los voluntarios y las voluntarias que, a lo largo de estos años, han permitido implementar esta estrategia en los salones, en sesiones en línea, en conferencias, en eventos deportivos, con sus comunidades y sus familias, haciéndolo todo de forma gratuita y desinteresada.

---

la autopercepción de conocimientos y competencias de los guardianes de una forma similar al instrumento original. Al hacer un análisis discriminatorio usando la prueba t de *student*, encontramos que los grupos con puntajes bajos (M=46.36 D.E. 2.83) tenían una media significativamente más baja que aquellos que obtuvieron puntajes altos (M=59.31 D.E. = 1.86); $t (129) = -29.802, p = 0.000$ un nivel de <0.05. Asimismo, el análisis de correlaciones revela que los puntajes tienen correlaciones moderadas, estadísticamente significativas respecto al total de la escala, siendo el primer factor al que nombramos *autopercepción de las competencias* el que mayor correlación tiene con el puntaje total $r= 0.715, n= 122, p = 0.000$, seguido del componente de *autopercepción de conocimientos* sobre el suicidio $r = 0.522, n= 122, p = 0.522$.

Referencias

Albright, G. L., Davidson, J., Goldman, R., Shockley, K. M. y Timmons-Mitchell, J. (2016). Development and Validation of the Gatekeeper Behavior Scale: A Tool to Assess Gatekeeper Training for Suicide Prevention. *Crisis: The Journal of Crisis Intervention and Suicide Prevention, 37*(4), 271–280. https://psycnet.apa.org/doiLanding?doi=10.1027%2F0227 -5910%2Fa000382.

APA, Asociación Estadounidense de Psiquiatría (2006). *Typical or Troubled.* https://doi.org/10.1176/appi.pn.2016.4a11

Barrueto, C., Gaete, J., Bustamante, F. y Pizarro, M. (2017). Autopercepción de conocimientos y competencias de profesores en la prevención de conductas suicidas adolescentes pre y posintervención. *Revista Chilena de Neuro-Psiquiatría, 55*(3), 170-178.

Britton, P. C., Bryan, C. J. y Valenstein, M. (2016). Motivational Interviewing for Means Restriction Counseling with Patients at Risk for Suicide. En *Cognitive and behavioral practice, 23*(1), 51-61.

Britton, P. C., Patrick, H., Wenzel, A. y Williams, G. C. (2011). Integrating Motivational Interviewing and Self-Determination Theory with Cognitive Behavioral Therapy to Prevent Suicide. *Cognitive and Behavioral Practice, 18*(1), 16-27.

Cartreine, J. (2016). *More than Sad: Depression Affects your Ability to Think.* https://www.health.harvard.edu/blog/sad-depression-affects-ability -think-201605069551

Ferrando, L., Bobes, J., Gibert, J., Soto, M., & Soto, O. (2000). 1.1. MINI Entrevista Neuropsiquiátrica Internacional (MINI International Neuropsychiatric Interview, MINI). *Instrumentos de Detección y Orientación Diagnóstica,* 1, 2-26.

Hoy, J., Natarajan, A. y Petra, M. M. (2016). Motivational Interviewing and the Transtheoretical Model of Change: Under-Explored Resources for Suicide Intervention. *Community Mental Health Journal, 52*(5), 559-567.

Imber, E. (2000). *La vida secreta de las familias.* Barcelona: Gedisa.

Isaac, M., Elias, B., Katz, L. Y., Belik, S. L., Deane, F. P., Enns, M. W. y Sareen, J. (2009). Gatekeeper Training as a Preventative Intervention for Suicide: a Systematic Review. *The Canadian Journal of Psychiatry, 54,* 260-268.

Lester, D. y Yang, B. (1997). *The Economy and Suicide: Economic Perspectives on Suicide.* Nueva York: Nova Publishers.

McKay, S., Byrne, S. J., Clarke, A., Lamblin, M., Veresova, M. y Robinson, J. (2022). Parent Education for Responding to and Supporting Youth with Suicidal Thoughts (PERSYST): An Evaluation of an Online Gatekeeper Training Program with Australian Parents. *International Journal of Environmental Research and Public Health, 19*(9), 5025.

Miller, W. R. y Rollnick, S. (2000). *La entrevista motivacional.* Barcelona: Paidós.

Matthieu, M. M., Cross, W., Batres, A. R., Flora, C. M. y Knox, K. L. (2008). Evaluation of Gatekeeper Training for Suicide Prevention in Veterans. *Archives of Suicide Research, 12*(2), 148-154.

OMS, Organización Mundial de la Salud (2014). Prevención del suicidio, una imperativa global. Organización Mundial de la Salud. https://www.paho.org/es/documentos/prevencion-suicidio-imperativo-global

OPS, Organización Panamericana de la Salud (s/f). Suicidio: Hechos y datos. https://recs.es/wp-content/uploads/2017/05/suicide-infographic-es.pdf

OPS, Organización Panamericana de la Salud (s/f). Uruguay: Mitos sobre el suicidio. https://www.paho.org/es/campanas/uruguay-mitos-acerca-suicidio

Quinnett, P. (1995). QPR: Ask a *Question, Save a Life.* Spokane: The QPR Institute.

Reilly, N., Prosper, V., Jordan, M., Falk, L. y Kapraro, K. (2013). *Break Free From Depression.* Boston: Boston Medical Hospital.

Santillán, C. (2017). *Guardianes de emergencias psicológicas.* [Video]. YouTube. http://bit.ly/3jDdRPA

Santillán, C., Villagrán V. G., Robles M. S. S. y Eguiluz, L. L. (2015). The Information and Motivation and Behavioral Skills Model of ART Adherence among HIV-Positive Adults in Mexico. *Journal of the International Association of Providers of AIDS Care (JIAPAC), 14*(4), 335-342.

Teo, A. R., Andrea, S. B., Sakakibara, R., Motohara, S., Matthieu, M. M. y Fetters, M. D. (2016). Brief Gatekeeper Training for Suicide Prevention in an Ethnic Minority Population: a Controlled Intervention. *BMC Psychiatry,* 16, 211, 1-9.

Terpstra, S., Beekman, A., Abbing, J., Jaken, S., Steendam, M. y Gilissen, R. (2018). Suicide Prevention Gatekeeper Training in the Netherlands Improves Gatekeepers' Knowledge of Suicide Prevention and their Confidence to Discuss Suicidality, an Observational Study. *BMC Public Health, 18*(1), 1-8.

Villalba, J. M. B. A., Bedoya, M. A. C., Garay, G. A. C., Sanabria, S. A. C., Stewart, P. D., Valdez, M. L. y Torales, J. (2021). Conocimientos y prácticas de médicos de urgencias de un hospital universitario sobre la atención de pacientes suicidas. *Revista Virtual de la Sociedad Paraguaya de Medicina Interna, 8*(1), 94–105.

Anexos

Anexo 1

Herramienta para la Detección del Riesgo de Suicidio

Pregúntele al paciente:

1. En las últimas semanas, ¿ha deseado estar muerto?   ○Sí   ○No

2. En las últimas semanas, ¿ha sentido que usted o su familia
   estarían mejor si estuviera muerto?   ○Sí   ○No

3. En la última semana, ¿ha estado pensando en suicidarse?   ○Sí   ○No

4. ¿Alguna vez ha intentado suicidarse?   ○Sí   ○No
   Si contestó que sí, ¿cómo? _____
   _____
   _____
   ¿Cuándo? _____
   _____

Si el paciente contesta que Sí a alguna de las preguntas anteriores, hágale la siguiente pregunta para evaluar la agudeza:

5. ¿Está pensando en suicidarse en este momento?   ○Sí   ○No

Siguientes pasos:

Si el paciente contesta que «No» a todas las preguntas de la 1 a la 4, la prueba de detección está completa (no es necesario hacerle la pregunta 5).
No hay necesidad de intervención (*Nota: la opinión clínica siempre puede anteponerse a una prueba de detección negativa*).

Si el paciente contesta que "Sí" a cualquier pregunta de la 1 a la 4 o se niega a responder, esto se considera una prueba de detección positiva. **Hágale la pregunta 5 para evaluar la agudeza:**

    ☐ **"Sí"** a la pregunta número 5 = **prueba de detección positiva aguda** (identificación de riesgo inminente)
        • **El paciente necesita una evaluación de salud mental completa o de seguridad URGENTE.**
          El paciente no puede irse hasta que se evalúe por seguridad.
        • Mantenga el paciente a la vista. Retire todos los objetos peligrosos de la habitación. Avísele al médico
          responsable de la atención del paciente.
    ☐ **"No"** a la pregunta 5 = **prueba de detección positiva no aguda** (identificación de riesgo)
        • **El paciente necesita una evaluación de seguridad** breve del riesgo de suicidio para determinar si es necesaria una
          evaluación completa de salud mental. El paciente no puede irse hasta que se evalúe por seguridad.
        • Avísele al médico responsable de la atención del paciente.

Ofrézcales recursos a todos los pacientes

• Red Nacional de Prevención del Suicidio, las 24 horas, los siete días de la semana:
  1-800-273-TALK (8255); en español: 1-888-628-9454
• Crisis Text Line, las 24 horas, los siete días de la semana (en inglés):
  envíe un mensaje de texto con la palabra "HOME" al 741-741

Juego de Herramientas para la Detección del Riesgo de Suicidio asQ   INSTITUTO NACIONAL DE LA SALUD MENTAL (NIMH)    National Institute of Mental Health

5/4/2017

Anexo 2

Plan de seguridad

Nombre: _____ Fecha: _____

Paso 1. Signos de alarma:

1. _____
2. _____
3. _____

Paso 2. Estrategias internas de afrontamiento. Cosas que puedo hacer para despejar mi mente de mis problemas sin tener que contactar a otra persona:

1. _____
2. _____
3. _____

Paso 3. Personas y escenarios sociales que proporcionan distracción:

1. Nombre: _____ Teléfono: _____
2. Nombre: _____ Teléfono: _____

1. Lugar: _____
2. Lugar: _____

Paso 4. Personas a quienes puedo pedir ayuda:

1. Nombre: _____ Teléfono: _____
2. Nombre: _____ Teléfono: _____
3. Nombre: _____ Teléfono: _____

Paso 5. Profesionales o agencias que puedo contactar durante una crisis:

1. Nombre del profesionista: _____ Teléfono: _____

_____

2. Nombre del profesionista: _____ Teléfono: _____

_____

3. Servicio de salud mental y medicina a distancia SAPTEL: 55 52598121

Un entorno seguro:

1. _____
2. _____

* Versión adaptada del original de Stanley, B. y Brown, G. K. (2012). Safety Planning Intervention: A Brief Intervention to Mitigate Suicide Risk. *Cognitive and Behavioral Practice, 19*(2), 256-264

Anexo 3

Recursos para psicólogos

Asociación Estadounidense de Psiquiatría. DSM-5-TR Online Assessment Measures (s/f). https://www.psychiatry.org/psychiatrists/practice/dsm/educational-resources/assessment-measures

Boston Children's Hospital (s/f). *Curso gratuito Break Free from Depression para adolescentes en escuelas.* https://www.childrenshospital.org/programs/boston-childrens-hospital-neighborhood-partnerships-program/tap-online-trainings/break-free-depression-program

Centro de Información de las Naciones Unidas para México, Cuba y República Dominicana, CINU **México** (2018). *El perro negro de la depresión* [Video]. YouTube. https://youtu.be/4CdM4_k6glQ

Instituto Nacional de Salud Mental. (s/f). *Folleto sobre depresión.* https://www.nimh.nih.gov/health/publications/espanol/depresion-sp

Organización Mundial de la Salud, OMS (2016). *Suicidio.* https://www.paho.org/es/documentos/infografia-suicidio-adolescentes-jovenes-americas

- *Hablemos de depresión* [Video]. YouTube. https://youtu.be/PVacrugMHI4

- *Depresión: Hablemos* [Video]. YouTube. https://bit.ly/40gY61m

- *Hablemos de la depresión entre adolescentes y adultos jóvenes* [Video]. YouTube. https://youtu.be/_AvFk2_YccA

- *Hablemos de la depresión entre adultos de edad avanzada* [Video]. YouTube. https://youtu.be/phH61mMn7F0

Organización Panamericana de la Salud, OPS (s/f). *Uruguay: Mitos sobre el suicidio.* https://www.paho.org/es/campanas/uruguay-mitos-acerca-suicidio

- *Suicidio: Hechos y datos.* https://recs.es/wp-content/uploads/2017/05/suicide-infographic-es.pdf

The Research Foundation for Mental Hygiene, Inc. (2010). *Escala Columbia para evaluar la seriedad de la ideación suicida.* https://cssrs.columbia.edu/wp-content/uploads/C-SSRS-CognitivelyImpared-SinceLast Contact-US-spanish.pdf

Servicios de Atención Psiquiátrica (2017). *Guía práctica para la atención del paciente con conducta suicida en hospitales generales.* https://www.gob.mx/salud/sap/documentos/guia-practica-para-la-atencion-del-paciente-con-conducta-suicida-en-hospitales-generales

Suicide Prevention Resource Center (s/f). Mi Plan de seguridad personal. https://www.sprc.org/sites/default/files/T.Safety_plan_Spanish_051612.pdf

Acerca de los autores

Luz de Lourdes Eguiluz Romo estudió la licenciatura en Psicología en la Universidad Nacional Autónoma de México (UNAM), la maestría en Terapia Familiar en la Universidad de las Américas y el doctorado en Investigación Psicológica en la Universidad Iberoamericana. Es catedrática de la Facultad de Psicología de la UNAM, de la que también fue directora. Miembro fundador de varias asociaciones de profesionales de la psicología. También creó la la maestría en Terapia Familiar Sistémica en la Universidad Autónoma de Tlaxcala y en la UNAM. Es autora de diversos artículos académicos publicados en revistas nacionales e internacionales y ha publicado 10 libros sobre epistemología, ciclo vital familiar, terapia sistémica, parejas, suicidio y psicología positiva en Editorial Terracota. Cuenta con más 35 años de práctica profesional en terapia sistémica.

Carolina Santillán Torres-Torija es licenciada, maestra y doctora en Psicología por la Universidad Nacional Autónoma de México (UNAM). Supervisora Académica de la estrategia Crisis, Emergencias y Atención al Suicidio de la Facultad de Estudios Superiores Iztacala-UNAM. Becaria Fulbright para tesis doctoral en la Universidad de Pensilvania, en el Centro para el Tratamiento de los Trastornos de la Ansiedad. Profesora en la UNAM y miembro del Sistema Nacional de Investigadores SNI-I.

Zyanya Zazhyl Ortiz Texis es licenciada en Psicología por la Facultad de Estudios Superiores Iztacala-UNAM (FES-Iztacala). Ha cursado los diplomados Trastornos de la ansiedad, del espectro obsesivo y trauma y Evaluación psicológica integral de niños, adolescentes y adultos, ambos en la FES-Iztacala. Posee experiencia en terapia cognitivo conductual, intervención en crisis, conductas asociadas al suicidio y temas de depresión, ansiedad y problemas de la dinámica familiar.

Josué Omar Suárez Ortiz licenciado en Psicología por la Facultad de Estudios Superiores Iztacala-UNAM. Actualmente es doctorante en Psicología en el campo de neurociencias de la conducta. Cuenta con experiencia clínica en crisis y emergencias psicológicas en instituciones públicas y privadas. Participó como ponente del diplomado Trastornos de la ansiedad, trastornos del espectro obsesivo y trauma. Ha participado en diversos congresos nacionales e internacionales sobre neurobiología de la alimentación y trastornos de la conducta alimentaria.

Sandra Mirely Vázquez Mandujano obtuvo la licenciatura en Psicología en la Facultad de Estudios Superiores Iztacala-UNAM. Es doctorante del programa de maestría y doctorado de la UNAM. Psicóloga clínica en la Escuela Nacional de Arte Teatral (ENAT). Ha formado parte de la estrategia (CREAS) Crisis Emergencias y Atención al Suicidio desde 2017, atendiendo a la comunidad universitaria con riesgo suicida, estrés, ansiedad y problemas derivados del acoso sexual y de género. Actualmente lleva a cabo una investigación enfocada en juventudes trans y narrativas corporales para la despatologización.

Pensamiento suicida
se terminó de imprimir en la Ciudad de México
en agosto de 2023 en los talleres de Impresora
Peña Santa S.A. de C.V., Sur 27 núm. 475,
col. Leyes de Reforma, 09310, Ciudad de México.
En su composición se utilizaron tipos
Bembo Regular y Bembo Italic.